人生的38個啓示

陳美齡自傳

陳美齡——著

我把這本書送給我的家人、
朋友和所有在我生命上遇到的人。
我感謝生命給我機會去愛和活。

I dedicate this book to my family,
friends and everyone who
had entered my life.
I want to thank life itself
for giving me chances to love and live.

前言

當三聯的副總編輯對我說，「我希望你寫自傳」時，我覺得有點奇怪。因為自傳多數是人生接近終點時才會寫的東西，或當事人過身之後，由別人為他執筆。

我覺得我還未有寫自傳的條件。但她解釋說：

「美齡，其實香港人對你的認識只是限於一部份。自從你結婚，去了日本居住之後，我們不了解你的經歷和成就。所以如果你能把這段空白的時間填上，會幫助香港人了解你。」

我的人生經歷其實很複雜，要寫出來，不但很辛苦，而且一定寫不完、數不盡。我真的沒有信心，但她沒放棄，「我們想多認識你，這對你也是一個好機會。」

我想盡辦法推辭。

「我的中文水準不夠。」

「找別人寫比較好。」
「我太忙。」
「我沒有信心。」
但無論如何辯論，她堅持鼓勵我執筆。她的誠意打動了我的心。

可能時期尚早，但並不是做不到。
回顧一下自己的人生，可能對我的未來也有好處。
重溫自己的人生，好像是走進了一條時光隧道；再次體驗人生的各種際遇，好像是坐感情的過山車。
一邊寫一邊笑。
一邊寫一邊哭。
有些回憶是痛苦的，想起也會令我心碎。
有些記憶是幸福的，令我渴望當時的喜悅。

這個重拾足跡的旅程，令我的情緒高低起伏，寫稿的時候不能平衡自己的心情，往往寫完一章就會筋疲力盡，甚至失眠、憂鬱。

但找到快樂回憶的時候，我會忘記一切憂愁，還會跟自己說話、唱歌，是一種高度的享受。

和自己的歷史和情感奮鬥了幾個月，我終於把不完整的自傳寫下來了。

沒有寫的東西，比寫下的東西至少多一百倍，我的人生細節、內容和分析還沒有全部寫出來。

唯一可以保證的是，這本書裏面寫下的片段，都是我人生重要的轉捩點。

願您用心來看這本書，因為若您用腦袋來看的話，可能會欲求不滿。

希望您能感受到我的感受，和我一起坐感情的過山車。

長話休談，歡迎您來到美齡世界！

請綁上安全帶，穿梭時光隧道的旅程出發了。

前言

目錄

沒有一件東西是應得的，
擁有的全部都是恩賜。

——
1996 日本

為人著想，是幸福的捷徑。

2016 斐濟

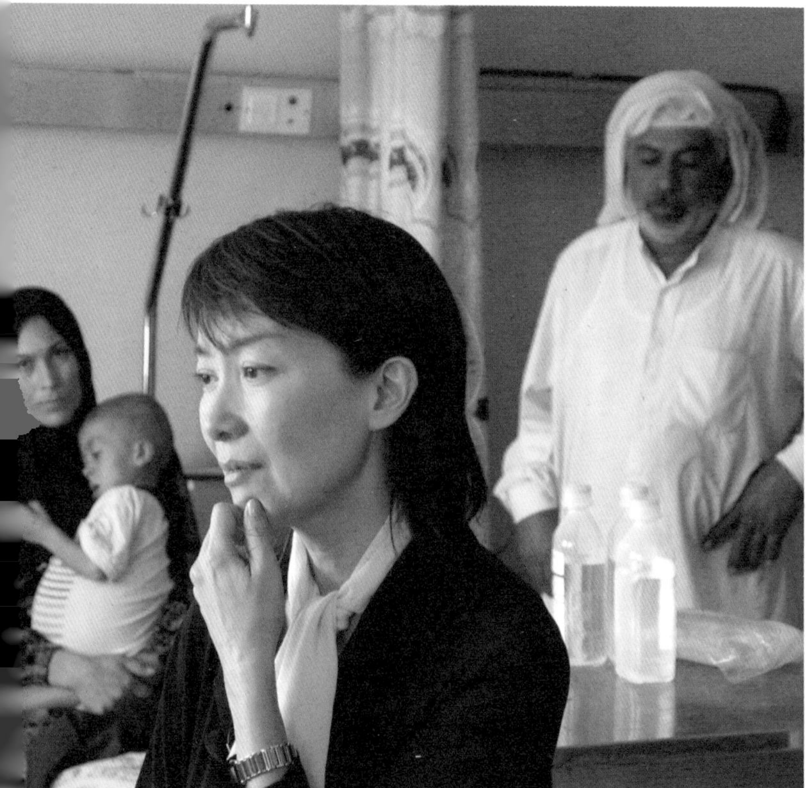

沒有和平，
沒有真真正正的快樂。

——
2003 伊拉克

自然界的威力，
不可能對抗；
但繼續找尋夢想，
會令您堅強。

2011 日本東北

為了救援兒童，
不怨不懼，
不勝不休。

2015 南蘇丹

人生是未跑完的接力賽

2014 東京

人生是唱不完的愛歌

——

2015 東京

每一天都是新一天，
每一天都是你我的生日。

——

2017 香港
中學母校

1

'Little Pitiful'
is born

小可憐的誕生

大難不死，
必有後福。

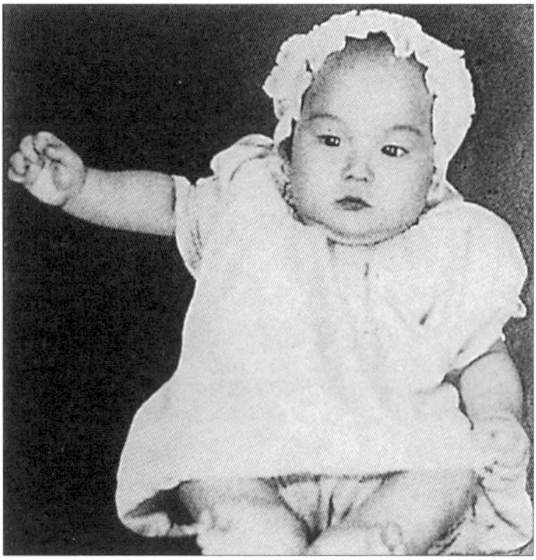

媽媽一方面高興愛女誕生，一方面傷心那不是男孩，抱著 BB，心情沉重。

我媽媽是貴州人，爸爸是香港出生的廣東人。他們抗日戰爭時在遵義相遇，在重慶結婚，初時「中港」兩地來來往往生活了一段時間，最後在一九五四年回到香港定居。

媽媽生了大哥，然後是大姐，可惜大姐的心臟有一個小洞，不滿一個月就夭折了。之後，媽媽又生了二姐和三姐，令奶奶十分不高興，「為什麼都是花錢貨？下一次一定要生男孩，不然就多娶一個人回來生吧！」

不久，媽媽又懷孕了。她去醫院生孩子時，希望可以生一個男孩，滿足奶奶的願望。因此當醫生跟她說「恭喜你！是個女孩呀！」的時候，媽媽忍不住就哭了！

「又是女的！真倒楣！」

回到家後，奶奶連BB也不要看，非常失望。媽媽一方面高興愛女誕生，一方面傷心那不是男孩，抱著BB，心情沉重。

過了幾日，奶奶傳來指示。

「這個女兒由我來命名。叫她做陳美齡吧！不是美麗的美，是尾巴的尾。不要再生女啦！」

我就是這樣誕生了，還得到了「尾麗」的名字。

當時，我的家人是和親戚們一起住的。有一天，媽媽和伯娘一起在廚房做飯，突然我的二姐在走廊大叫：「在皮蛋缸的水面有一對小鞋呀！」

媽媽嚇壞了，「一定是美美啦！」

她跑出來，見到我的小鞋露出水面！原來我頭下腳上地掉進水裏了。

她把我從水壺裏拉上來時，我已沒有呼吸。奶奶從房中跑出來，大罵媽媽為什麼這樣不小心！急急把我抱起，在火爐旁為我急救。

幾分鐘後，我回復呼吸，開始哭起來。

媽媽很高興，哭成淚人，不單是因為我得救了，更是覺得奶奶終於正式承認我是孫女，一名家人。女兒吃了一點水，雖然痛心，但媽媽常常說，「結果十分理想呀！」

正如我名字的寓意，隨著我的出生，之後還帶來兩個弟弟。我在三男三女中排第四，家人都叫我美美（尾尾）。我的個子在兄弟姊妹中最小，聲音像蚊子，一逗就哭，害羞怕事，不會主動和人說話……不久，大家都開始叫我「小可憐」。「陳媽媽，陳家三姊妹，大姐漂亮可人，二姐聰明優秀，為什麼美美不像姐姐們呢？」媽媽每次聽到這種說話，都會向人道歉，「美美在肚子裏時，家境特別差，可能是我吃不夠吧！」

因此，年幼的我，時常覺得自己是不合格的產品，家中的醜小鴨。

我的一生就是這樣開始了。雖然起步不太順暢，但並不全是負面的。當時我還未知道，大難不死，必有後福呀！小可憐的大冒險，開始了！

2

Four
big Colas

四支大沙士

認為值得的時候，
要有當敢死隊的決心。

站在姐姐們的光環旁邊，我的自我肯定能力
特別低。

站在姐姐們的光環旁邊，我的自我肯定能力特別低。自我肯定能力低的小朋友，因為沒有自信心，會有一些怪怪的習慣。而我的怪習慣，就是極度的害羞。

那時，媽媽時常會叫孩子們去買東西。有一天，大家在聽電台的偵探小說時，媽媽叫我去買汽水。

我們住在七樓，士多在一樓。士多的老闆娘是一個很樂天善良的人，無論我的聲音多小，她也不會焦躁，會用心聽我說話；但其他人卻會用高高在上的態度，在我頭頂上大叫：「講大聲一點呀！聽不到呀！」只是這樣，我就會心跳、著急，好像有一顆核桃被卡在喉嚨一樣，沒法說下去。所以我每一次都是等老闆娘回來才進店買東西的。

然而，那天，老闆娘卻不在。我等了二十分鐘，她都沒有回來！店裏只有老闆。我知道不能再等了，因為大家都在等著喝汽水。

別無他法之下，我只好鼓起勇氣踏入士多，向老闆說：「四支大沙士……」

他張大眼睛，大聲問：「你說什麼？」

我的腳在震，心在跳，舉起四隻手指：「大沙士……」

他的眼睛更大了，把臉靠近我，我甚至能感覺到他的呼吸！

他在我耳邊大聲叫：「大聲點呀！」

我退後了幾步，閉上眼睛用全力尖叫：「四支大沙士呀！」

之後發生了什麼事，我已經記不清楚了。相信是給了錢，雙手拿著兩袋汽水，轉頭就跑。

我連路也沒有看好，從樓梯上掉了下來！汽水的玻璃瓶打碎了！

我只記得沙士和玻璃碎片滿天飛，我嚇昏了。

「死啦死啦！一定會給罵死了！」

從右邊數起，第五個在頭上有蝴蝶花的是
我。每天早上媽媽都會給我結絲帶。

我看到有一瓶汽水沒有破，急急用兩手抱著那瓶汽水，一邊哭一邊跑回家。

媽媽打開門見到我，臉色大變！

「嘩！發生了什麼事？」

我立即跪下，狂叫：「對不起、對不起！」

但媽媽沒有罵我，反而把我拉起，「快點找些棉花來呀！很多血呀！」

這時，我才感到右腳有點痛，原來有一大片碎玻璃插在腳裏，一地都是血，我差點暈倒了！

大家都忘了沙士的事，為我止血。這本來是一次大災難，反而得到大家的照顧和關懷，可以說是「大步檻過」了！

因為沒有縫針，傷口恢復得很慢，現在留下了兩吋的傷痕。但每次看到這道傷痕，我都會微笑，因為當年那個膽小的女孩已經不存在了。

在一個冬天的下午，於維多利亞公園和爸爸
和弟弟享受陽光。

現在我不再怕事，能見義勇為，在我認為值得的時候，更有當敢死隊的決心。

為什麼我會有這麼大的改變呢？

這個故事要慢慢來說。

一次又一次的轉捩點，為我的人生帶來數不盡的喜悅和教訓、希望和鼓勵。

我這頭醜小鴨雖然沒有變成天鵝，卻從小鴨變成大鴨，自得其樂。

3

Mrs. Tang's
electric power

Mrs. Tang 的電力

一個好老師，
可以改變學生的一生。

—

在第一排，長頭髮戴著眼鏡的我，是學校合唱團的高音歌手。

自我肯定能力極低的我，根本沒有心機去讀書和爭取好成績。師長和親戚們常常說：「二姐真棒。讀書好，真是好女兒。」「美美學習能力沒有姐姐高，要多努力呀！」

那是真的。我二姐過目不忘，不溫書也可以拿到一百分，永遠考第一，是學校的模範生。加上她性格又好，深受同學尊重和老師疼愛。

這樣優秀的姐姐，我翻筋斗也沒法追得上。

我深深相信努力不會帶來好腦袋。

我從生下來時已經是失敗者，唯一的希望，是不要太給家人丟臉。

但我的這種想法，被一位老師改變了。

我們三姊妹都就讀瑪利諾修院學校。

在小學時，我並不是出色的學生，一年級時被編到B班，四年級時C班，六年級時更被降到D班。

D班的學生成績都比較差，被視為不夠能力去面對升中試，大有可能無法直升瑪利諾的中學部。

媽媽非常擔心我會被派到別的中學。我自己也覺得，升中試是人生中第一次被判刑的時刻，時刻到了，我一定會被判永不超生！

當時，學校對D班同學要面對的挑戰非常關心，特別用熱心的老師做D班班主任。我小六的班主任叫 Mrs. Tang，是一位牙齒雪白，笑容滿面，戴眼鏡的女老師。

當初，我沒有怎樣注意她。

有一天，我們要交升中試的申請表，上面要貼學生的照片。媽媽帶我去拍了照片，我把那張平平凡凡的照片貼在表格的左上方。當 Mrs. Tang 叫到我的名字時，我走到前面，雙手把表交給她。

我沒有抬頭看老師。

Mrs. Tang 看了表後說：

「嘩！你看，好可愛的樣子呀！」

我以為我聽錯了。

我抬頭看她，她向我點頭，指著我的照片，滿臉笑容，連眼睛也在微笑！

我臉紅了，好像突然發燒！不知道如何反應。

Mrs. Tang 用手指篤了一下我的頭，「係呀！係講你呀！」

我好像感到頭頂觸電，全身震盪發光！

一到小息，我就跑到洗手間，看看鏡子中的自己……完全無變呀！

但我笑了。

因為在這個世界上，有一個人覺得我可愛！

心中暖暖的，眼睛濕了，鼻子紅了……

「這是什麼感覺呢？」我問自己。

想不通，但覺得好開心。

那是非常好的感受。

從那天開始，Mrs. Tang 成為了我的女神。

我時常偷看她，希望她快樂，非常用心聽她說話。

她說希望我們升中試考得好，她的願望是我的任務，於是我決定，要努力在升中試拿到好成績！

接受了 Mrs. Tang 的「電」後，我的腦袋清醒了，努力學習，專心讀書，成績也慢慢有進步。升中試的成績不錯，夠分派回瑪利諾中學，令家人鬆了一大口氣。

媽媽說：「美美終於生性了！」

Mrs. Tang 也非常高興，笑得特別燦爛。

看到女神快樂，我簡直是夢想成真。

—

和家人親戚切生日蛋糕。

那時我發覺，只要有心去做一件事，一定會有成功的方法。

到今時今日，也沒有人知道我的秘密。

我的學習意欲轉變不是良心發現，而是因為 Mrs. Tang 的存在。她給我不斷的鼓勵、無限的愛心和絕大的勇氣。最有效的，是她那有電力的手指和有電光的微笑。

Mrs. Tang，多謝您當日強力的「電我」，打開了我的學習開關。直到現在，那個開關還是「開」著的。熱心的您，給我用不完的學習能量，想起那一刻，我現在還會眼濕鼻紅呢。

4

Voluntary work
taught me
life lessons

做義工，學做人

忘我為人，
是通往快樂的捷徑。

中學時參加的義工工作，改變了我的人生。

升上了中學，雖然學習意欲有所改善，但自卑、無信心的問題仍然十分嚴重，而且總是覺得自己不幸運。

「為什麼不生得我像姐姐呢？」

「為什麼大家要拿我跟姐姐比較呢？」

「為什麼上天不讓我生在大富大貴的家庭裏呢？」

「唉！我真的不幸！」

總之就是容易自怨自艾，不滿現狀。

當時學校有義工活動，學生可以自由參加。我覺得很有興趣，參加了「聖母軍」，當初的任務是在教堂派報刊、和小朋友玩遊戲。

還記得我第一次跟著會裏的大姐姐們去探望一間位於沙灣的兒童院時的衝擊。院裏收容的，大多數都是出生時缺少四肢的小朋友。

有一些小朋友因為沒有腳，不能行走；有一些小朋友因為沒有手，不能自己吃飯或拿東西；有些小朋友不能起床、不能轉身……

他們聚集在前園等我們，我看到他們的情形，不覺流淚，不知所措。

幾十對小眼睛在盯著我，前輩在我耳邊說：「別哭，快說話！」

我擦掉眼淚，好不容易說了打招呼的話，卻沒有人拍手。

我慌了，以為自己說錯了話。

其實不是我說錯了話，而是我忘記了有些小朋友不能拍手。但他們不是沒有反應的。

小朋友們看著我，知道我真的說完後，大家互相點一點頭，突然高聲歡呼！

「嘩～！歡迎 Agnes 姐姐～！」

一些小朋友在搖身，一些在高跳，幾十雙眼睛，配上了幾十個笑容，好可愛的臉兒啊！

太神奇、太感動了！

我深信那一刻，我的心像汽球一樣被吹大了，充滿著小朋友們的喜悅和笑聲。我真的開心到要爆炸了！

那時的歡樂聲，我現在還記得很清楚，相信永遠會在我心中迴響。

通過義工，我接觸到沒有父母的小朋友、看不見光明的小朋友、沒有居住地方的小朋友、受傷或生病的小朋友⋯⋯

一個小小的香港，在我不知道的地方，有無數在非常艱苦的情況下，每天為了活下去而掙扎的小生命。

但活了十二、三年的我，卻從不知道他們的存在。

為什麼呢？

是因為我只看到身邊的人，根本沒有特別去關注在平常生活中碰不到的其他人，只是活在自己的小圈子裏。

我家雖然並不是富裕，但我一天有三餐吃，有書讀，有衣服穿，肚子痛了有藥吃；

我有爸爸媽媽、兄弟姊妹；

我能看能走，能說能寫，能和人拉手，能擁抱，能自己去廁所；

我不用在下雨的晚上沒有棲身之地，一邊哭一邊等晨光來臨；

我不會因病過世了，也沒有家人送終和埋葬……

我發覺，原來我是一個十分之、十分之幸福的人。

所有的埋怨都只是無病呻吟，我沒有資格不滿現狀。

有人說過：「身在福中不知福，不滿不平的人是最不幸的。」

當時的我就是為自己製造不幸，把怨氣的來源推卸到他人身上。

但看到在艱難中也不放棄希望的小朋友，我感到非常慚愧，覺得對不起他們。

他們啟發我去為人著想，忘記自己，更讓我有機會感受到「以助人為快樂之本」的真理。

不知不覺間，原本極度害羞的我在小朋友面前變得十分大膽。不但可以流暢地說話，還可以為他們講故事、帶唱歌、教加減乘除和中英文。簡直好像是重新投胎，成為一個新的陳美齡。

當時的變化，我自己也不能夠相信。

為了籌集給小朋友們的食品、舊衣等等，我不斷練習結他和當時流行的民歌，通過唱歌呼籲善心。初時是在自己學校的學生面前唱，要求大家幫助；漸漸，一人傳一人，其他學校也邀請我去他們的民歌晚會演唱，還上了一兩次電視！

一九六九年的某一天，有一位唱片製作人來找我，問我要不要錄唱片。

十四歲的我，天真爛漫，雖然面對著人生的轉捩點，卻全不明白事情的重要性，也沒有和家人商量，只覺得錄唱片一定很好玩，竟眼也不眨的就衝口而出：

「好呀！」

—
害羞的學生民歌手，陳美齡。

就是這樣答應了、決定了。

當時我只是一個穿校服、背書包、打籃球、做義工的中學三年級學生，從沒有想到自己的生活將有一百八十度的轉變。

當年若沒有參加義工，沒有碰上那些小朋友，Agnes Chan 陳美齡的這個民歌手一定不會出現。小朋友不但給了我勇氣，更令我明白，只為自己著想的人是永遠不會快樂的。忘我為人是通往快樂的捷徑，是幸福的開始。

5

Debut song—
Circle Game

處女作——旋轉的人生

為了實現夢想，
其他力量也會隨著增強。

—

在大會堂拍下的第一張送給粉絲的「明星照」。

請我錄唱片的唱片公司送來了一盒聲帶。

「你去聽聽，看看有沒有喜歡唱的歌？」

聲帶開始轉動，我又緊張又興奮，不敢呼吸。

首先聽到的是一串精彩的結他獨奏，接著是美國著名民歌手 Joni Mitchell 的聲音。

「Yesterday, a child came out to wonder...（昨天有一個小孩到街上玩……）」

好美麗的歌詞和旋律，歌手的聲音非常有說服力。

歌的內容是表達由童年到二十歲的感受，歌詞說人生就像坐旋轉木馬，只可回頭看，不可逆轉。四季輪迴，木馬升高降低，人生就好像一個 Circle Game。

十四歲的我立刻著了迷，重複地聽那首歌，希望吸收到作者的心情和感覺。聽了幾次後，我跑去拿結他，抱著結他，找適合我的 key 和 chords。不到一個小時，我已學會了唱那首歌。

我把房門關上，獨自高歌！

過了幾天，製作人打電話問我：

「聽完全部的歌了嗎？選好了嗎？」

那時我才發覺我只聽了一首。但我毫不猶豫的答他：

「只聽了一首。但我決定了，我選擇唱 *Circle Game*。」

他驚奇，「我給你多一點時間，再聽清楚吧！」

我堅持，「不用了。我希望唱 *Circle Game*——旋轉的人生。」

到頭來，這是我人生中一個非常好的決斷。

因為這一首歌既成為我的處女作，也是我的成名作。

Circle Game 發行後，在所有香港的流行榜奪得冠軍，銷量破了全港紀錄。港人對這個慌慌張張的小民歌手大有興趣，*Circle Game* 成為年輕人的流行曲、代表

時代的作品。
那首歌是有翅膀的，它帶我高飛，讓我去到夢想不到的高峰、想像不到的廣洋。
它進入人的心，把我的心和千萬個其他人的心連在一起，在香港引起了Agnes Chan 陳美齡熱潮。
當時真的有一點「一飛沖天」的感覺，又怕又喜，身不由己。
青春期的我，突然變了家喻戶曉的人物。
媽媽對此非常滿意：「想不到你會唱歌！」
爸爸卻非常擔心，怕我會忽略學業。
有一天晚上，唱片製作人來與爸爸見面，表示希望做我的經理人。爸爸什麼都不要聽，把他趕走了。

面對怒髮衝冠的爸爸，我低頭沉默，不敢做聲。

一向特別疼愛我的爸爸問我：「非要唱歌不可嗎？」

我點頭，爸爸大嘆了一口氣。

「那麼學業怎麼辦？」

我沒做聲。

「你答應用功讀書嗎？」

我點頭。

「那麼你的成績一定要好。平均分要八十分以上。做得到嗎？」

我的頭彷彿撞到石牆，眼前一黑，腳一軟，坐在地上了。

我望著爸爸，希望他放我一馬，因為我的平均成績從未得過八十分。

但爸爸只是用嚴厲的表情看著我。

「做得到嗎？」

因為我想唱歌，唯有咬緊牙根，明知那是無法完成的分數，但也說了：

—

成為電視和歌唱界的成員，與一流演藝人士共演。

「做得到。」

爸爸皺了一下眉頭。

「唉！好吧！好吧！一定要好好讀書呀！」

我趕快說聲「明白」，然後就離開飯廳，跑回房間。

坐在床上，我開始懷疑自己是否說謊了。

我真的能做到嗎？

但既然已許下了諾言，「一言既出，駟馬難追」，唯有盡力而為，不負爸爸給我的期望。

從那天開始，我認真讀書，努力「工作」。

我和電視台簽了合約，他們為我開了一個由我主持的節目《美齡晚會》，大受歡迎；又和邵氏電影公司簽合約，一開始拍戲就做女主角，歌曲更紅遍東南亞。

另一方面，學校的成績也大有改善，真的得到八十分的平均分。

原來為了實現夢想，其他力量也會隨著增強的。

但一天只有二十四小時，根本不夠用。早上起來上學，放學後去拍戲，晚上去錄音，到半夜才能回家，睡不到兩三個鐘頭又要再出發了。

「陳美齡狂想曲」，沒有休止符。

6

Agnes Chan
and Pandas

雅麗絲和熊貓

好奇心會打開
人生的另一頁。

—

為第一張日本唱片錄音，又不安，又高興。

大姐依齡有一位朋友從日本來香港度假。

「他是日本著名歌手，也是作曲家。我幫你請他上你的節目吧！」

他的名字是平尾昌晃，在《美齡晚會》上他為香港觀眾唱歌，也跟我合唱，氣氛非常溫馨，歌聲也十分相襯。

臨別的時候，我把我第一張大碟唱片送了給他。但因為我不會說日語，而他不會說英語，我們的溝通只限於音樂，很快我就忘記了這事。

誰知一個月後，從日本傳來消息，原來平尾先生把我的唱片向各方宣傳，有好幾間唱片公司和娛樂公司聽了我的歌聲之後，都對我有興趣，想邀請我去日本發展。

日本？

為什麼是日本？

爸爸和日本有生意往來，當演員的大姐也曾在日本拍戲和演唱，但我卻只是一個十六歲的高中生。

我剛考完會考，本以為一定不合格的，但為了令爸爸開心，我早晚不分地溫習，很幸運地得到了三優四良，奇跡一般的好成績，夠分回到瑪利諾讀中六，更極有可能升讀大學！

我能放棄多年努力得來的成果嗎？

工作方面也是一樣的，我的第一部電影《年輕人》賣座超出預想，公司馬上開拍第二部，剛開鏡，是和姜大衛主演的電影《叛逆》。

我的第一張大碟發行後銷量冠軍，唱片公司也正在趕錄第二張唱片。

汽水公司找我拍了廣告，我還得到亞洲十大歌星獎！

陳美齡的學業和事業上了軌道，我坐在特別快車上，一路順風。

我有時間去日本嗎？

應該去日本嗎？

—
泰國的「美齡熱潮」，令我震驚。

我很迷惘，但又好奇。
為什麼日本人會找我？我有什麼特別？
外面的世界是怎麼樣的呢？
說什麼語言？吃什麼東西？
天空的星星同樣的亮嗎？
春天的雨同樣的一絲絲嗎？
另一個世界的年輕人會喜歡我嗎？

我的好奇心令我睡不著覺。
我想……我想……去找答案。
十六歲的春天，站在人生的十字路口上，四面都是綠燈，卻沒有路牌。
每一面都有人向我招手，我的腳卻在地上生根，動不了，逃不得。
但我的好奇心，幫助我打開了人生的另一頁。

日本的渡邊娛樂公司請我和爸爸媽媽到日本，讓我們多了解當地的情況。東京是個大都市，公司請我們住在最名貴的酒店，我們還去老闆的家吃晚餐，招待我們的人都穿和服。

老闆告訴爸爸，他保證會讓我繼續學業，還介紹我們認識他的兩位女兒。「Agnes可以住在這裏，我們會把她當自己的女兒一般對待，不用擔心。」我知道爸爸心動了，老闆說的都是他最擔心的事，而且公司開的薪金非常高，的確是難以推卻。

回家後，爸爸媽媽決定讓我去日本發展，和渡邊公司簽了合約。

一九七二年的夏天，我到日本錄唱片和拍唱片封面。我唱的是日本歌，錄音室和香港的不一樣，又大又新，機器又先進。我一個人在一間超大的錄音室，又驚又喜。最初我還不太習慣，也不明白製作人在說什麼。但奮鬥了十幾日之後，我終於圓滿地把任務完成，錄了我第一張日本唱片《ひなげしの花》（虞美人之花）。

那個夏天，我在日本度過了十七歲的生日。

我第一次吃了天婦羅，愛上了原宿，登上了東京鐵塔。

我發覺自己不喜歡魚生和壽司。

我學會了說「ありがとう」（多謝）和「さよなら」（再見）。

人家告訴我「你很 Kawaii（可愛）」，我以為他們在說「Hawaii」。

拍照時我不會笑，只好一邊唱開心的歌一面拍。

他們把我的英文名字「Agnes Chan」，用日文的字母寫成「アグネス・チャン」，即「雅麗絲・陳」。

「在日本就用這個名字吧！」

我看到自己名字的日本字母，覺得很有趣。

我第一次學會了用日文簽名。

暑假完了，我回香港升讀中六。

因為我與邵氏的合約是拍三部電影，所以要在正式去日本前拍完第三部。

還要辦轉校的手續，忙碌到連和朋友說再見的時間也找不到。

一九七二年，中日邦交正常化，中國送了一對大熊貓給日本，牠們的名字是康康和蘭蘭，十月二十八日到達東京。

一九七二年十一月二十五日，アグネス・チャン陳美齡的第一張日本唱片發行了，但我還在香港上課，不能去日本。

十二月二十二日，學校放假了，我正式去日本發展。

同一年，我和熊貓到達日本，被稱為中日友好的象徵。

美美和康康、蘭蘭將會成為日本的人氣偶像。

但當時我們就好像只是不知不覺到了一個新的動物園，不知是夢是真，是吉是凶。

7

Agnes
Fever

雅麗絲熱潮

最痛苦的不是受責罵，
而是失去了自由活動的權利。

—

每一次熱唱，都人山人海。

民歌手出身的我，演唱時多數拿著結他。但我在日本的處女作《虞美人之花》並不是民歌，拿著結他唱會不自然。

「拿著咪唱吧！」

「但我是民歌手呀！」我反對。

第一次上電視時，我穿長裙，拿著結他，坐在椅子上演唱。

「不自然呀！試試拿著咪唱吧！」

我唯有試一試，第二次上電視時，拿著咪唱了。

「多些笑容好嗎？笑起來可愛呀！」

我在唱歌時是非常投入歌詞世界的，《虞美人之花》是失戀的歌曲，不明白為什麼要笑，但大家就是叫我試試看。

我每笑一次，都大受讚賞。

慢慢我習慣了，在鏡頭前自然可以笑起來。

一九七二年的除夕，老闆在家裏開通宵派對，差不多全日本的名歌手都來了。渡邊公司當時的旗下歌手紅遍日本，勢力很大，參加紅白歌合戰的歌手也來拜年。

老闆對我說：「明年你也可以參加紅白呀！加油！」

但我當時想家、想香港、想回到我的民歌世界、想睡覺、想聽廣東話……紅白歌合戰對於我來說，只是一個很遙遠的夢想。

過了兩天，公司在大酒店開了一個幾千人參加的大派對。我是新人，要上台自我介紹。當天我沒有穿公司為我買的歌衫，只穿上平常上街的衣服：短裙、毛衣、白長襪子和白鞋。

和經理人進會場時，剛好碰到部長。他停步看著我，向我經理人說：「這樣打扮好看多了。以後就穿這種衣服唱歌吧！」

就這樣，我的形象被決定了。

短裙子、白長襪、長頭髮和笑容。公司給我的宣傳句是「紅寶石的笑容」，

—

短裙，白襪，長頭髮，成為我的形象。

媒體說我是「香港來的天使」。

我的製作人對我說：「未上電視之前，你是一位歌手；但一上了電視後，你變成偶像了。觀眾瘋狂了！」

アグネス・チャン，雅麗絲・陳一炮而紅，成為男女老少的偶像。社會上發生了模仿陳美齡的現象，不但是唱歌，連我的打扮、髮型都是模仿對象。唱片銷量好自不待言，連白長襪也賣斷市了。

我每天都收到幾袋如聖誕老人的袋子一樣的粉絲信；在台上演唱時，台下的觀眾會大聲叫我的名字，尖叫聲大到我完全聽不到自己在唱什麼。

學校門外每天都被粉絲佔領了。我的睡房在二樓，在我窗下甚至每天都有幾十人睡在路上。

經理人對我說：「你一個人不能上街呀！因為會有太多人衝過來，引起混亂。」

有一個星期日，難得有一天假期，我求到日本探我的大姐帶我去銀座的三愛公司買衣服。三愛是賣女性服裝的專門店，全店都是玻璃窗，是非常有人氣的商店。

當年銀座剛開始實施「步行者天國」，即是車輛不能進入車道，而三愛就是在「步行者天國」的十字路口上。

我和姐姐偷偷來到三愛，走上二樓，店裏有很多流行的服裝。

「嘩！好多靚衫呀！」我不禁小聲說。

但店裏的人開始認到我了，我也剛找到一條喜歡的裙子，於是姐姐趕快把我推入試身房，把簾子拉上。

我把那裙子穿上，覺得十分合身。

「姐姐，很好看呀！」

我邊說邊把簾子拉開，但在我眼前竟是滿店的人群，他們看到我就一起拍手，還大聲叫我的名字。「步行者天國」的人群也蜂擁來到店前，從玻璃窗外向我揮手！

結果因為太多人、太混亂，我們沒法離去，後來出動了幾位警員，才成功保護我們回家。

那次之後，姐姐發誓永不帶我去買東西。公司也非常不高興：「不是告訴了你絕對不能自己上街嗎！」

我低頭道歉，眼紅了，哭了。

流眼淚不是因為受罵，而是覺得好像失去了重要的東西。

從那天開始，我失去了自由活動的權利。

我知道，自己的人氣已到了我不可能控制的水平。

說真的，我對「雅麗絲熱潮」有一點害怕，害怕這個大浪可能會把我吞下，捲走。

8

I don't exist anymore

我，已不存在了

人在江湖，
身不由己。

—

當年日本的新人賞，我都拿走了。

一九七三年，我人生中第一次轉校，從香港的瑪利諾書院轉到 ASIJ（日本美國學校）。六月份，我高中畢業，考入了東京上智大學的國際部。我的第三首歌曲《草原之輝》和其他歌曲一樣大受歡迎，每一首歌曲都賣幾十萬張，在當年的新人歌手中非常突出。

我去日本活動是用藝人簽證入境的。這簽證十分嚴謹，不能長期逗留：每六個月就要離開兩個月，再重新申請六個月，好麻煩的。但這對我來說是不錯的規限，因為每六個月就可回家兩個月！

但即使在回港的兩個月裏，我也要不停奔波，無法休息。

我為電視台拍了電視劇，為唱片公司錄了唱片，更到泰國為電影宣傳。泰國的美齡熱潮把我們嚇壞了，機場擠滿粉絲，去戲院的道路上都是人，甚至屋頂上的人也不停向我揮手。

連公主也要見我，表演要加場……這是什麼一回事？

我的歌曲打動了很多人的心，這令我非常感動，但仍然不敢接受現實，不相信自己真的成為這麼多人的偶像。

話說回日本，當年我在日本得到了無數的新人獎，也是新人之中唯一入選紅白歌合戰的歌手。公司喜出望外，邀請我家人到日本看紅白和度假。小小年紀的我，也算為家人作出了一點貢獻。

美齡熱潮過了年也沒有改變，第四首歌《小小戀愛故事》更奪得銷售冠軍，成為百萬作品。我開始有自己的電視節目《Hi Agnes》，也有自己的電台節目。市場上有我的洋娃娃，有美齡咪、美齡三輪車、美齡結他……陳美齡是一個大生意。

我更開始巡迴演唱。每到一個地方都會引起大規模的混亂，車站擠滿了人，上落火車非常困難，要多人保護，否則衣服和頭髮都會被拉扯。無數的單車在車後追著我們，非常危險，很不容易才能到達會場。

—

我的電視節目《はい！アグネス》（你好！雅麗絲）是年輕人的人氣節目。

我一天會做兩至三場的音樂會，早上十一時、午後二時半、黃昏六時半。做完後坐火車到別的城市繼續其他工作，深夜再坐火車回東京，早上上學。放學後去電視和電台拍照採訪，最後去錄唱片，半夜回家，六點又起床上學。

總之就是有做不完的工作、趕不完的功課，甚至找不到時間吃飯或洗澡。我一坐下來就會睡著，有時連站著也會睡得著。

我的經理人告訴我：「一分一秒都不能浪費呀！你的成功是十分珍貴的呀！」我覺得自己像籠中的小老鼠，不停在木圈裏跑，永無終止。

百忙之中，我最喜歡的是在錄音室裏，戴上耳機，投進自己的音樂世界的時候。只有這個時候，我才可以閉上眼睛，把全世界忘掉，用心唱歌。

我深愛歌唱，也知道我能唱出很多年輕人的心聲。所以我不怕工作辛苦，因為我知道一定要有人氣，才能繼續我的音樂生命。「要做好其他工作才能保持人氣的呀！」旁邊的人時常提醒我，我也明白那道理。

但有些時候我會忍不住淚水，在無緣無故之下突然大哭。

哭了後不能拍照，不能錄音，所有的工作都要停下，等我安靜下來，這為工作人員帶來很多不便。

到現在我還不知道，那時為什麼會突然哭起來。根本沒有悲傷的原因。

可能是太累？可能是寂寞？

可能是不想再在鏡頭前笑？

可能是走不動了？

可能是情緒不平衡？

小老鼠想有人幫牠脫離木圈，放牠出籠，吸吸新鮮空氣，散散步，大睡幾天。

但這小小的願望，在十八歲的我看來，非常難達到。

人在江湖，身不由己。

我的時間是別人的財產。

我的青春，是別人的生意。
世上只有偶像陳美齡，我，已不存在了。

9

Meimei,
wake up!

美美，醒來吧！

發惡夢時，
旁邊有人叫醒您嗎？

—

偶像的生活，並不是看起來的輕鬆。

香港的家搬到了淺水灣，我首次有自己的房間。讀醫科的二姐很有室內設計的天份，把家裝修得大方得體。我的房裏有藍色的床、藍色的椅子，還能看到海景！對我來說，簡直是一個藍色的夢。

可惜每次回家都很忙，不能好好享受自己的空間。

我的發展平台繼續增加，台灣的導演來港請我拍電影。第一部電影《燕飛翔》非常賣座，劇中的歌曲也大受歡迎。我一共為台灣拍了三部電影，也出了好幾張唱片。

我還接受了新加坡和馬來西亞的邀請，去做了數場音樂會，尤其在新加坡受到熱烈的歡迎。我在球場辦演唱會，滿場粉絲很狂熱，令我得到很大的鼓勵。

因為時常要來回各地，每次都要不停的整理行李。衣服拿出來又放回去，又拿出來又放回去。好像浮萍飄泊，無地生根；舟車勞頓，馬不停蹄。

除了在日本的工作之外，其他工作都是姐姐和媽媽給我安排的。沒有當經理人經驗的家人和年紀輕輕的我，要用直覺去決定接不接工作。

就算是家人，有些時候也會因為我的工作而意見不合，吵起架來。我左右為難，無力應付，只好不作聲，等待火花消失。一家人的物質生活是改善了，但精神生活的質素可能反而下降了。

接了的工作，我都會全力以赴，用百分之一百二十的力量去完成。不知道從哪來的信心，我覺得只要音樂一啟動，我就能和觀眾溝通。所以我到什麼地方都不驚慌，因為我相信我和粉絲心連心。

媒體對我的報導非常正面：「陳美齡的人氣年年上升，前途無量。」「雅麗絲是亞洲最受歡迎的歌手之一！」

但因為我不是一個夢想做歌星的人，所以我對自己的「成功」並沒有太大的成就感，也不明白如何去珍惜，更沒有優越感。

我的工作有很多限制。當歌手要健康，不能生病或傷風，不能做對聲音有影響的事；因為我也是演員，所以要保持形象，不可太胖，不可長青春痘，髮型不可隨便改變；而且我還是偶像，所以不可有男朋友，要時常微笑，不能有不健康的嗜好如喝酒吸煙；吃每一頓飯都要小心翼翼，早晚洗臉也不可大意，要做好健康管理，在人面前還要永遠保持笑容。

為了不讓粉絲失望，有很多事我都不能做，對十多歲的少女來說，其實壓力是非常大的。

有一天晚上，我發了一個夢。

夢中我站在一個房間裏，四面八方是不斷迫過來的牆壁。

我不斷找門口，但找不到，我尖叫，我哭了！

「美美！美美醒來吧！你在發夢呀！」

我張開眼睛，見到爸爸！爸爸把我從惡夢中救出來了。

在現實生活中，爸爸也會把我從這生活中救出來。

10

Retire from singing temporarily

暫時退出歌壇

把翅膀張開吧！
否則會撞地。

—

以退為進，找尋新天地。

一九七五年的冬天，爸爸到日本探望我，想看看我的工作情況。當時我正在九州做巡迴演唱，爸爸看到我每天趕三場演唱會，還有在火車上累極而睡的樣子，非常痛心。回到東京後，又是忙碌得像機器人，爸爸跟著我跑來跑去，吃不消，眼花繚亂。

「你時常都是這樣忙的嗎？」

「是呀！分秒必爭呀！」

爸爸當時的面色不大好看，我知道爸爸不滿意我在日本的生活。

當我為了換護照回家時，家人開始討論我應否退出歌壇，然後去加拿大一個沒有人認識我的地方把大學讀完。當時，所有的合約剛結束，新合約在手，但還沒有簽名。一旦簽了，至少有半年以上不能退出。

爸爸和大姐贊成退出。媽媽反對。其他兄弟姊妹沒有意見。

「做得好好的，為什麼要放棄？」媽媽說得也對。

「做夠了，應休息。大家都需要休息。」大姐反駁。

我非常困擾，不知道究竟發生了什麼事，看不清誰才是真的為我著想。

「會失去很多東西呀！難得建立了的事業基礎，在人氣高峰時退休？不知所謂！」

媽媽覺得我們瘋了，我更加迷惘。

爸爸對我說：「名譽地位、金錢財產都像流水，會失去的、會被人搶走的。但進了腦袋的知識卻沒有人可以搶走，是你一生的寶物。可以讀書時，應該好好珍惜機會。」

我聽了這番話，覺得爸爸說得很有道理，「先把書讀完再想吧！」

我被爸爸說服了，於是我把我的一票投給退出歌壇的提議。

媽媽很失望，但人多聲大，陳美齡勇退歌壇，就是這樣決定了。

但這個決斷的破壞力有多重、對自己的影響力有多大，當時我完全不了解，只是不顧一切的投下了一個「退休」的大炸彈。

一九七六年初夏，我在香港召開記者招待會，宣佈退出歌壇，令在場的記者都驚訝，當時成了頭條新聞。「陳美齡勇退歌壇！」「陳美齡突然宣佈退休！」

當天，消息一傳出，日本來的電話就響個不停。第二天，十幾位公司的人從日本趕來，坐在我家的客廳。

我躲在自己的房間，讓「藍色的夢」帶給我一點安寧。房外氣氛凝重，沒有人做聲，大家都在等我爸爸。屋外則是等著新消息的港日記者。我不敢接近窗門，不敢離開房間上廁所。

爸爸終於出去和日方見面。渡邊公司的部長聲音最大，請求爸爸告訴他記者會上說的話不是事實。當爸爸說是事實時，部長的聲音變得既憤怒又難過：「為什麼不和我們先商量呢？」

聽到部長聲音中的失望，我後悔沒有先告訴公司。

爸爸解釋說：「先商量的話，可能走不了。合約剛滿，這是個好機會。」對日方來說，這是晴天霹靂。用日文諺語來形容，是「寝耳に水」，如同睡著時有人灌水進耳朵裏一樣的震驚。

交談逐漸升溫，很多人一起說話，我連內容也聽不清楚。我開始感到事態嚴重，不能簡單解決。但爸爸意志堅定，沒有退讓。

最後決定，我去留學之前，先回日本向歌迷道別，並灌錄唱片；到加拿大後也繼續為唱片公司錄音；若有朝一日重回歌壇的話，一定和渡邊合作。

幾天的會議終於結束了！日方急急回日本做準備。

我的心情很複雜，覺得對不起公司，更對不起粉絲們。

家人舒一口氣，希望沒有作出錯誤的選擇。

爸爸見到媒體和各界的反應激烈、極度關注，怕我受不了，提議大姐帶我去歐洲旅遊。

「避開一下吧！」大姐也贊成。

於是我們買了機票，全無計劃的就登上了前往倫敦的飛機。

飛機起飛後，我從窗口俯瞰香港，小聲對姐姐說：

「是不是好像逃亡一樣呀！」

但旁邊的姐姐已熟睡到不省人事，一連串的騷動把她累壞了。

我也閉上眼睛，希望忘記一切，但睡魔偏不出現，耳邊彷彿仍然聽到客廳的交談聲，無法入睡。

我不知道這個決定是否正確，更不知道這是一個結束，還是一個開始。

我從來不怕坐飛機的，但那天卻手心冒汗，口乾，好像是學飛的小鳥被母鳥推出巢外一樣的感覺。我不斷往下墜，必須快把翅膀張開，否則會撞地。但我實在太累了，無法起飛，只願有一片雲可讓我躺下，休息一下。

歐洲旅遊，就是我當時需要的彩雲。

11

I cannot live
without Papa

我不能沒有了爸爸

父母在的時候，
要告訴他們您愛他們！

—

爸爸是我的守護天使，永遠站在我的一邊，
我不能沒有了爸爸。

我和大姐在倫敦參加了旅行團，和從世界各地來的人到歐洲各國遊玩。我們看歷史古蹟、旅遊勝地，大開眼界。

「世界真大呀！」

我一時忘記了現實，笑容也回來了。我們在法國吃蘋果批，在荷蘭看風車，在德國吃香腸……每天都很精彩。

到達意大利時，公司的人追上我們了。他們請我們吃飯，坐在羅馬的露天餐廳，一邊吃飯一邊解釋回日本開告別演唱會的日程。除了在各大城市演唱之外，還有特別告別節目、灌錄新歌等等。

我看著排得滿滿的日程表，胃口盡失。不是怕忙，而是怕不知道如何向愛護我的粉絲解釋。我最怕跟人道別，尤其是不知道還有沒有再見的機會。

在日本的告別音樂會空前哄動。

因為可能是永別歌壇，我用全副靈魂去演出，希望能報答歌迷的多年支持。

粉絲們尖叫，淚灑會場，有人衝台，有人暈倒。我的心碎了，眼也哭腫了，難分難捨。

所有工作完成後，我覺得自己好像變成一具空殼，所有氣力都用完了。

一九七六年九月，抱著期待和不安的心情，我飛向加拿大多倫多，開始我的留學生活。我把上智大學的學分轉到多倫多大學，入讀三年級，專攻兒童心理學。

迎接我的是秋天的多倫多。多倫多的秋天美得如童話世界。

紅葉藍天，清風白雲，我著迷了。

大自然安慰我、擁抱我，讓我深呼吸、讓我當我自己。

我在大學裏交到新朋友，又找到喜歡讀的課程。

每天既新鮮，又快樂，享受自由、沒有壓抑的生活。

那一段時間，是我人生中最無憂無慮、最開心的時光。

那年冬天，多倫多特別冷，雪也下得特別多。爸爸要媽媽來探我們。

當時剛好是冬假，我們和一班同學帶媽媽去紐約玩。不久二姐打電話來：「爸爸的膽石發痛，要入院。」我們嚇了一大跳，媽媽急忙回港。

到了三月，二姐再打電話給我：「立刻回來！爸爸的手術出問題。」

我立刻訂機票，連要向學校請假都忘了。那一程飛機，是我覺得最長的旅程。其實膽石手術的致命率並不高，每一百人中大約只有六位，所以我們當初並沒有太擔心。但爸爸的第一次手術失敗，我到醫院時爸爸已經做了第二次手術。看到爸爸受苦，我心如刀割，爸爸卻很高興見到我。

醫生說唯一的希望是再做一次手術，但成功機會不高。媽媽不想爸爸再受苦，不願簽同意書。但爸爸一定要試試，自己簽了。

當晚我守夜陪爸爸。我拿著爸爸的手，爸爸說：「不要放手。我怕我不會醒來。」我急忙說：「別這樣說。我不會放手的，睡吧！」爸爸看著我說：「要是我不在，要好好照顧媽媽和弟弟們呀！」我點頭，強忍著淚。

爸爸睡後，我哭成淚人。

第三次手術後，爸爸沒有回病房，被送到深切治療部。

三月二十四日，在爸爸媽媽的結婚紀念日，爸爸去世了。

當年爸爸五十六歲，媽媽五十歲。

全家人都不能接受這悲傷，眼淚都流乾了，哽噎難言，傷心欲絕，食不下嚥，寢不能寐。媽媽要生要死，大家都不知道怎麼去面對這事實。

爸爸是我的守護天使，不管我是否有名、是否成功，爸爸都會無條件的疼愛我。有爸爸在身旁，沒有人會欺負我的。爸爸永遠站在我的一邊，支持我、信任我。

一個人去世後，就是天人永隔，永遠都不能再相見了。

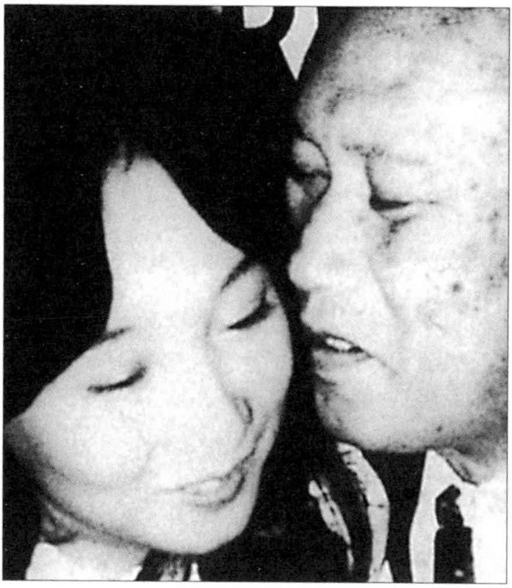

—
一個人去世後，就永遠都不能再相見了。

但我一定要見到爸爸，我需要告訴他我愛他。

我需要讓爸爸知道，我迷惘時會選最難的路，因為那是爸爸教我的。

我需要爸爸參加我的大學畢業典禮、我需要看到爸爸為我驕傲。

我不能沒有了爸爸……

我覺得腳下的地面裂開了，我墮進了黑洞，即使大叫也沒有人會聽得見。

我知道我永遠不會再找到像爸爸一樣愛我的人。再沒有人會無條件的珍惜我。

爸爸過世後，我不再是小孩子了。

我要從受家人保護，變成去保護家人。

爸爸叫我做的事，我一定要做到。

二十一歲的我，雖然失落，但真的長大了。

12

Hear not in songs,
desire not
in performance

心不在歌，意不在演

上天會伸出援手的，
不要太絕望。

—

畢業於多倫多大學，攻讀了兒童心理學。

葬禮之後，我回到加拿大繼續完成學業。

我考到駕駛執照，想哭時就開車，在加拿大的高速公路飛馳，關上窗，用大音量聽ABBA，一邊聽一邊大哭。哭夠後我會買些水果和堅果，去公園找小松鼠，和牠們一起吃。

我不再交朋友，只是埋頭讀書，讀更多的書。

我把頭髮剪短，不能從心底笑出來。

有空的話，我只想一個人，靜靜的看天空、飛車、看小河；再飛車、看日落；又飛車、看星星；繼續飛車……

我太想念爸爸了，難過到不能自拔。

求學期間，日本的唱片公司請我到加州錄唱片，又再三要求我畢業後回日本唱歌。

我沒有答覆，因為我也沒有答案。

一九七八年，我大學畢業了。

日本媒體遠道來採訪，同學們發覺我是歌手，非常驚訝，怪我沒有告訴他們。大學校長在台上發言時，指出有一位亞洲歌星畢業，而且是一位優秀的學生，他感到驚訝和高興。我心想，要是爸爸聽到這番話，一定會好心甜、好驕傲。很可惜他已不在了。我希望爸爸在天堂能知道，我有守諾言，把書讀好了。

渡邊公司的老闆娘和經理人都來加拿大探我，希望我復出歌壇，但我對此抱保留態度。一方面我已考進了研究院，可以繼續求學；另外一方面是，我已經沒有在歌唱界競爭的意欲。

英文有一句話：「Been there, done it」，意思是「去過、做過」。

十幾歲就走紅的我，拿過唱片銷量冠軍，做過無數的演唱會，參加過紅白歌合戰三次，得過很多獎。一個歌手希望達成的願望，可以說我都做到了。那麼我還要為了什麼唱歌呢？我應該追求什麼呢？

—

重回歌壇？繼續學業？人生之道，難以選擇。

—

我的理想未來是怎樣的？什麼工作會令我快樂呢？

我沒有信心可以找到目標。

家人對我是否復出也有不同看法，大姐反對，媽媽贊成。有一天，大家為了這事吵起架來。媽媽叫我帶她上洗手間，到了洗手間，媽媽突然哭起來。

「若你沒有去加拿大，我就不會去探你。只要我在身旁，爸爸就不會死！」

媽媽的話好像一張利刀，直穿我心。

我呆了，呼吸也停了。

鏡中的我臉白如紙。

原來爸爸的死，原因在我。

我不退休的話，爸爸就不會死。

媽媽繼續說：「你回去唱歌，我也有些寄託。聽媽媽的話，重回歌壇吧！」

又說：「唱多幾年，結婚就好了。」

罪惡感令我不能拒絕媽媽，而且我也希望媽媽開心。帶著六個孩子，媽媽也受了很多苦。再加上爸爸去世，媽媽的心境一定很悲痛。若我的復出能開解她的話，我願意。

我小聲說：「好吧！」

媽媽笑了，很高興：「就這樣決定吧！」

一九七八年，陳美齡復出的消息，在日本成為大新聞。

「她真的拿到學士學位呀！」

「不知道有沒有變？」

公司為我準備好新歌，在武道館開復出演唱會，還做了很大的宣傳。我對此非常感謝，但有點心不在歌、意不在演，好像失去了和粉絲溝通的力量。

在加拿大時，我有時間想想人生的意義。

我究竟想做什麼？

我的理想未來是怎樣的呢？

什麼工作能令我覺得既快樂，又有意義呢？

那時，我想起了在中學做義工的時光。一記起小朋友的笑容，我就嘴角上揚，溫馨的感覺充滿心窩。我知道我想為小朋友服務。

回到日本，我跟公司說：「我工作的選擇是歌唱界，但人生的另一條支柱，我選擇義工。」

經理人大大反對，怕人說我為宣傳而做善事。

「而且一分一秒都很珍貴，怎麼可以用在沒有收入的事上呢？」

我當時還年輕，不能理解公司的想法。慢慢，精神上的負擔開始影響我的健康狀況。我的眼睛突然看不清，好像畫面的一角會動起來；又會肚痛、頭痛、累得要命也睡不著。但我沒有告訴任何人，怕大家擔心。自己的選擇，要自己承擔。

這時，香港娛樂唱片公司找我錄唱片，而且是廣東歌的唱片。

我從來沒有唱過廣東歌。英語、日語、普通話都唱過，唯獨自己的母語、廣東歌卻沒有唱過。

這就好像上天伸出援手，告訴我人生還是美好的，不要太絕望。

似乎我又要面對人生的轉捩點。

13

Searching
for
directions

尋找方向

回鄉探親，
重溫初心。

—
和桂林的小朋友，一下子就變成了好朋友。

在日本我依然找不到目標，但在香港我找到一個新的自我表達方法。《雨中康乃馨》是我第一首廣東歌。

我發夢也沒有想到我會這樣喜歡唱廣東歌。廣東話有九（或十一）聲，只要音樂配合歌詞的聲調，歌手跟著音樂唱，就會很容易唱出歌詞。我特別喜歡廣東話的尾音，唱起來特別有音韻。娛樂唱片的劉太每天都來聽我錄音，她對我說：「不要用盡聲音，要忍著唱呀。」

我試試她的提議，竟然發現自己擁有另外一副更溫柔、更甜美的歌聲。那是完全新的表達方式，一個新的陳美齡世界。

《雨中康乃馨》是電台廣播劇的主題曲，很快就受到注目，流行起來，還成為當年的「十大金曲」；《願君真愛不相欺》也大受歡迎。我特別喜愛唱小調，每一句都有廣東話的特色，只有廣東人才能充分的表達和欣賞。

第一張廣東大碟成功了，更為我帶來新的粉絲。我每次回到香港就會錄音、上電視、唱歌；一張接一張的唱片都得到共鳴，人氣大增，在香港樂壇重新建立了自己的地位，開始了第二個黃金期。

但這次我沒有感到壓力，反覺得如魚得水，享受自己的新音樂風格。除了香港，台灣也向我招手。我在台灣灌錄了新唱片，其中由我作曲、慎芝作詞的《歸來的燕子》特別受到好評。

在日本，我和公司還在摸索一個互相能接受的歌路和形象。長大了的陳美齡，應如何推廣呢？清純形象？性感形象？知識份子形象？公司覺得我反叛，我卻覺得公司不理解我。我們迷失了方向，士氣低落。我不明白為什麼要繼續唱歌，找不到唱歌的意義，看不清自己的未來。剛好我又到了適婚年齡，旁邊的人不停問我什麼時候結婚。

去日本工作不愉快，回家又被追婚事，當時真的好像沒有容身之地，只感到有苦難言，虛度光陰。

八十年代初期，中國進行改革開放。為了推動文化交流，一九八一年，中國與意大利、美國和日本合作拍攝了「馬可孛羅」的國際電影，也是新中國第一次和西方國家合作的作品。

導演來日本找其中一個女主角時，約我見面，一看到我，就和旁邊的人點頭，然後對我說：「我覺得您十分適合，希望您願意參加演出。」

我還未自我介紹，真幸運！

我當然接受了邀請，因為我很想回中國看看，了解一下祖國的風土人情。

拍攝外景的地方是桂林，我扮演一個村女。

桂林山水甲天下，絕世美景當前，外國的朋友們都驚嘆讚揚。

村民大部份都是第一次看見外來人，既好奇又害羞。但他們的艱苦生活，令我感嘆萬分。小朋友們吃不飽，穿不暖；沒有鞋子穿，沒有學上；大的背著小的，跟著我們跑，拾起我們丟的果皮，大夥兒坐在地上分吃，還滿面笑容的說：「真

為拍攝「馬可孛羅」電影，我得到了回中國的機會。

好吃呀！」「嘩！好吃的東西呀！」

看到這樣的情境，我很難受，又心酸。

在拍攝的空檔時，我就和小朋友們玩耍，跑來跑去，又教他們唱歌。一下子我們變成了好朋友，他們每天都在村口等我來。

電影拍完，人是回到了日本，但我的半個心卻留在桂林，離不開小朋友們的歡笑聲。

這電影的主題曲《漓江曲》也是由我主唱的，在香港成為當年的熱門歌曲。

漸漸，一般人回中國開始比以前容易了，我第一時間想去媽媽的故鄉貴州，探親和看看媽媽長大的地方。

爸爸在香港出生，英皇書院畢業，接受中英文雙語教育，是典型的香港人；但媽媽對我來說卻有一點神秘感。

貴州是個什麼地方？親戚和我像不像呢？媽媽以前是怎樣的一個女孩呢？媽媽煮的菜能在貴州吃到嗎？

媽媽沒有反對我去，但給了我一個忠告。

「貴州天無三日晴，地無三里平，是一個貧窮的省。無論看到怎樣的情況，也不要失禮人呀！」

我很興奮，做了各種準備，回鄉探親。誰知道這個尋鄉之旅，將成為改變我的人生之旅，也是重溫初心之旅。

14

The swallow
return to
its nest

歸巢的燕子

上天給我們的天份，
是希望我們能用得其所。

—

貴州的親戚用鋪滿了桌面的佳餚歡迎我們。

貴州省貴陽市的機場，充滿了來接機的人。我心慌了，那麼多人，不知道誰是我的親戚呀！但我想到一個好辦法，只要慢慢收拾行李，等到最後才下機，那麼剩下來的人一定就是接我機的人吧！

機上服務員見到我不下機，過來說：「請下機吧！」

我問她：「為什麼這麼多人接機呀？」

她笑著說：「他們不是來接機，是來看飛機的。」

「噢……」我的小主意徒勞無功，只好跟著她下機。

出了大堂，還是很多人。我走來走去，希望有人認得我，突然在人群中看到一張熟悉的面孔，是一個和我小時候一模一樣的小朋友。

「嘩！好像我呀！」我不禁驚叫。

小女孩偏著頭看著我。

我走近她問道：「你是來接陳美齡的嗎？」

她張大眼睛，好像燈籠一樣大，然後指著我，跳起來大叫：

「美齡阿姨到了！美齡阿姨到了！」

轉眼間，十幾人蜂擁而至，聲勢浩大。大家七嘴八舌，有人和我握手，有人擁抱我，有人摸我的頭髮，有人在流眼淚……大家都是親戚，都是家人！

從貴陽到貴定要坐三個小時車子，親戚們租了大巴士來接我。

我的貴州話不靈光，只好找年輕人為我翻譯，慢慢分清誰是舅舅、舅母，誰是表兄弟姐妹等等。

到達媽媽故鄉的小鎮時，我發覺正如媽媽所說，貴州真的是十分窮困。村裏沒有自來水、廁所、電燈，屋子也很古老；到處只有泥路，車子也難進入。

村裏的時光，好像停滯在數百年前。

我到舅舅家裏休息，村裏的人都走來看我這個香港人，在窗前擠來擠去。「不要擠呀！不要擠吧！」舅母叫也沒用，我有一點尷尬，只好笑著揮手。但外面的

故鄉的熱情，喚醒了龍的傳人的鄉愁。

人沒有笑容，沒有揮手，只是定眼望著我。

終於，「嘭！」的一聲，窗子給推破了。

舅母把我拉到睡房，讓外面的人看不到我，「要不然房子也給推倒了！」

舅舅對我說：「你是解放之後，第一個回來看我們的人喔！所以村裏面的人都特別高興。」

熱烈的歡迎一直持續到晚上，親戚們設宴招待，桌上滿是佳餚，表親、鄉親、老師、朋友，大家一起享用。村裏的一大群小朋友走過來說：

「阿姨，我們為你唱歌！」

我拍手說：「好啊！好啊！」

他們就「一、二、三！」的唱起來了：

「越過大海，你千里而回，朝北的窗兒為你開……」

我驚訝不已，呆了。他們唱的是《歸來的燕子》，是我在台灣錄的歌曲。當年海峽兩岸關係不佳，我萬萬想不到在貴州能聽到這首「禁歌」，鼻子一酸，哭起來了！

孩子們在唱，老人家都流淚了。

「不要徘徊，你小小的心懷，這裏的舊巢依然在……」大家不知道為什麼這樣感動、這樣傷心。是不是想起見不到的兄弟、拜不到的祖墳、找不到的愛人、去不到的家鄉？

可能我們的淚水是中國人的悲劇的象徵。戰爭的結果把親人分開，政治的不同把家族隔離。雖是同根生，卻不能同處相依。多年的想念，一曲代心聲，何能不哭？誰能不流淚？當時的我，淚如泉湧，渾身發抖。龍的傳人，初感鄉愁。

小朋友唱完後，小聲問我：「阿姨，你在哭什麼？」我笑著答：「阿姨高興得哭了！沒事！」

但我知道不是沒事，因為在我心中，湧出了新的力量，一股能推山倒海的力量。那力量是「音樂」和「歌聲」。

當時我明白了為什麼我要唱歌、做歌手。我相信上天給我這個天賦，是希望我可以把人的心連起來。

我生在香港，這個兩岸中間的城市。當年，兩岸的親戚沒有機會見面，可是當他們聽我的歌曲的時候，他們可以感覺到同一樣的思鄉情。

我的歌曲就像一條橋，一條可以讓兩岸的同胞把心連起來的橋。

「不能放棄唱歌，要讓自己的歌聲變成和平的橋樑。」我當晚睡在媽媽家鄉的木板床上，下了決心。

我找到了自己的人生目標和繼續歌唱的理由，安心大睡，如回到舊巢的小燕子。小燕子不知天高地厚，滿懷著對故鄉的愛，勇敢的直闖遙遠的夢。

15

My better half

我的另一半

茫茫人海中，
一定有您的另一半。

—

雖然不是一見鍾情，但一定是情意獨鍾。

回到日本，公司派來了新的經理人。

他個子高高的，不穿西裝，而是牛仔褲配短靴，戴黑眼鏡；他不苟言笑，很酷，行為舉止充滿信心，走過時會捲起一陣微風，令每個人都不禁回頭看他；樣子也很帥，聲音也很好聽。

他曾是澤田研二的經理人，在公司是年輕有為的人才。我在他旁邊，覺得有點受威脅，有點可怕。

他自我介紹完後，看著我說：「大家認識一下，今晚我帶你去吃意大利菜。」

我不喜歡到外面用餐，因為不想受人注目。每天做完工作，第一件事就是回家，洗澡看書聽音樂，然後睡覺；吃晚飯並不是必須的事。

但因為與他剛見面，不好意思推辭，勉勉強強的跟他去了吃飯。

他點了菜，問我有什麼理想和願望。

很少經理人會請我吃飯，更少經理人會問我的理想。

那時我剛從貴州回來，腦袋裏充滿著小孩子們唱的《歸來的燕子》。我有很多理想，但又覺得都是很難實現的夢；我渴望能有人了解我的願望，但又覺得沒有人會明白。

我好想訴說，但是又急又羞。

他看我不說話，就鼓勵我：「不用怕，告訴我吧。」

聽到他這句話，感覺到他的關心，我心結一解，眼一紅，頭一低，就哭了。

突然的淚水嚇了他一跳。

他坐在對面等我說話，餐廳太黑，我看不清楚他的表情。

我一邊哭，一邊把自己的想法一口氣說出來了。他沒有說話。

菜來了後，他一直把食物放到我的碟上。我一邊吃，一邊哭，一邊說，吃了些什麼完全記不起了，只記得整晚都在解釋我什麼時候、為什麼做義工、想唱些什麼歌、回到媽媽的家鄉時怎樣感悟到人生的目標等等。

他默默的聽，默默的送我回家。沒有說話。

我關上門，後悔莫及。

「為什麼要對一個陌生人說心事？為什麼要哭到眼也腫了？為什麼自己那麼搞笑？」

我深信新經理人一定覺得倒楣，被派遣來照顧我這個「喊包」，又麻煩，又不聽話，又情緒化。可能從明天開始，他就不會再來了。

但第二天早上，他仍然來接我去工作。

上車後，他認真的對我說：

「昨天晚上你說的話是真心的嗎？」

我點頭。他望著路，好像在沉思。

過了幾分鐘，他說：

「那麼我們要好好的談一談。」

當天晚上，我與他和司機三人，在快餐店裏開會。

「看來你是真的想做義工。但公司是做生意的，賺不到錢的歌手，不可能讓她自由活動。首先要把工作做好，才能談義工。若你什麼工作都願意做，對公司有貢獻的話，剩下來的時間，一定可以做你喜歡做的事。」

他很嚴肅的向我解釋，我覺得他的道理很有說服力。

他問我：「做得到嗎？」

我點頭。

「那好。我會去找工作，大家加油吧！」

雖然樣子完全不像，但我在他身上看到了爸爸的影子。

不知道為什麼，我感覺到他是可以相信的人。

除了爸爸之外，他是我第一個百分之百相信的男人。

他的名字叫金子力。

碰上了我，金子力的人生哲學大變。
遇到了他，陳美齡的命運輪盤轉動。
性格完全不一樣的兩個人，不論從什麼角度看也不相襯的兩個人，那天晚上在快餐店裏握手，共同向新目標前進。

是天意還是人為？
是偶然還是必然？
總之，兩手相執，創造出來的動力是我們自己也停不下來的強大。
一加一並不是二，而是無限大的可能性。
從那天開始，我不再寂寞，不再孤單，不再徬徨。
在茫茫人海中，我找到了我的另一半。

16

Second
golden period
in Japan

在日的第二個黃金期

未來是自己創造的，
要相信奇蹟。

—

新形象，新動力，新人氣。

有一天在車上，金子力轉過頭來看我，指著我的眉間。

「不要皺眉頭，不好看呀。」

我瞪著眼，不知道他在說什麼。

他繼續說：「這是給你的功課：不要再皺眉頭。」

直到他告訴我之前，我根本不知道我有這個習慣。

「我沒有皺眉頭呀！」我反駁。

他笑著點頭。「有呀！」

我問我的司機：「我有皺眉頭嗎？」

司機指指倒後鏡。我引頸看看鏡子裏的自己，果然是眉頭緊皺，很不友善的樣子。

他們回頭看我，我雖不服氣，但也只好承認。

他們看到我臉紅的表情，大笑不止。

我一思考就會皺眉頭，一皺眉頭就會忘記笑容。

自那天開始，他們會不時留意我，我一皺眉頭，他們就會指指自己的眉間，扮個傻臉，提醒我要寬容一點。

我一看到他們的傻臉就會笑起來，多了笑容，心情也會變好，特別是上電視時，我的嚴肅形象有了正面的改變。

「笑起來很好看呀！」旁邊的人也鼓勵我。笑容燦爛，人氣也大幅提升。

最初的功課是我的眉間，接下來是我的幽默感。

金子力說：「你太嚴肅了，要訓練你的幽默感。」「做人要風趣一點，否則人家以為你不友善呀！」

但我是歌手，不懂得搞笑，上節目時因為不想受注目，甚至希望主持人不要問我的意見。但當時日本越來越少歌唱節目，主流是搞笑的娛樂節目。

「你要出演這些節目，才可以保持人氣。有人氣和高收入才可以做義工呀！」

金子力提醒我。

「但我不會說笑話，請你不要找這樣的工作。」我要求他。

但要求也沒有用，他開始安排我在娛樂節目中演出。

「想到什麼就說什麼，他們一定會喜歡你的。不用怕。」

金子力鼓勵我，我只好答應，嘗試想到什麼就說什麼。

當初不知道觀眾會有什麼反應，而且覺得有點尷尬。但是我不經大腦的意見，竟然非常受落，大家都喜歡聽我說傻話。

一下子，我這個新形象大受歡迎。他們叫我「天然大姐」，我說什麼他們都覺得好玩，主持人爭著來逗我說傻話，所有節目都希望邀我參加。

另一方面，因為我直腸直肚，說話時沒有遮掩，所以很多人都覺得我是他們的代言人，代表他們說出心裏的話。

我對輿論也有興趣，常常為弱者打氣，鼓勵年輕人和女性在社會上發展。有

—

千變萬化，絕無冷場。

一群社會學者覺得我是一個可以同行的明星，對我的發言表示支持。

我開始寫專欄、出書，每星期主持十多個電台和電視節目，非常搶手。他們笑我「穿很多種鞋子」，千變萬化，絕無冷場。

我擁有多方面的身份，又是歌手，又是搞笑藝人，還是社會上的意見領袖，影響力與日俱增。有很多大企業找我作代言人，廣告收入達到日本藝人的頂峰。

陳美齡在日本的第二個黃金時代開始了。

因為我幫公司賺到很多錢，所以工作以外的活動，沒有再受到太大的管制。

我開始參加各方面的義務工作，其中一個我想做的項目，是保留中國口耳相傳的童謠和搖籃曲。小時候媽媽為我們唱的搖籃曲，因為文化大革命造成的斷層，在內地有很多親戚已記不起，小朋友也未聽過。如果這些文化就此失傳，是非常可惜的事情。

我覺得我們這一代有責任保存民間流傳的歌曲，而且我是歌手，更有理由去

—

當大學教師 ，教異文化交流論。

做這件事。我和金子力商量錄下這些歌曲的可能性，但他表示：

「都是中文歌……在日本沒有市場。」

我十分失望。他知道我怕腦海裏的歌曲會消失，也感受到我的鄉愁。

「讓我想想。」

過了幾天，他向我提議：

「如果我們做一個一百首世界童謠和搖籃曲的CD集，我相信能找到資助。」

我喜出望外，立刻開始收集資料。終於《世界童謠和搖籃曲全集》面世了。

我們對這項工作非常驕傲，因為其中有好幾首中國的歌曲，若不及時錄音保存的話，可能已經消失了。

金子力是一個現實主義者，而我是一個胡思亂想的作夢人。

我負責夢想，若不是太荒唐的話，他會去把夢想實現。

對於我們來說，沒有夢想是太大，沒有夢想是達不到的。

兩個人在一起，不怕風浪，不怕艱苦，任何挑戰都是值得的。

未來是自己創造的，我們相信奇蹟，只要肯努力，雨過一定會天晴，深夜之後一定會破曉。

一九八五年，因為我們這種毅力，我們改變了歷史，打開了一道大門。

17

First singer
to return
to China

回國歌手第一號

要明白大家對自己的期望，
要深知自己的責任。

—

不登長城，不是好女子。回國演出，難似登天。

一九八四年，我心中忘不了祖國的情況，希望可以作出一點貢獻，帶各種音樂回到內地，給內地的同胞欣賞。

但當時，大部份香港藝人在台灣也有活動，而台灣是一個十分大的市場。一旦回中國內地演唱，就不能夠再在台灣演出了，這對藝人來說是一個非常大的損失。所以有很多香港歌手，都沒有回中國內地表演的意願。

但我覺得，就算要犧牲自己的利益，我也希望回去演唱。

我把這個願望與金子力商量，他聽了之後說：

「這個願望很難實現。首先，沒有外國歌手在新中國舉行過演唱會。我們與中國方面又沒有關係，要得到許可，相信非常困難。」

聽了這番話，我的腦袋在轉，心想，媽媽可能有朋友可以幫忙。

我跟媽媽商量後，媽媽說：

「我問問貴州的同鄉。她在報館做事，可能認識內地媒體的人呀！」

過了幾個星期，媽媽跟我說：

「找到一位同鄉可以幫忙。回國演唱，要有內地單位邀請的。」

我擔心沒有單位會邀請我，但非常幸運，為中國青少年服務的「宋慶齡基金會」決定邀請我回國做慈善音樂會，為他們籌款。

「太好了！太好了！」我喜出望外，但我在內地的知名度仍是未知數。

「先安排你上電視吧！」中央電視台的編導邀請我在「春節晚會」上演出，我選擇了兩首歌——《歸來的燕子》和《原野牧歌》。

唱《原野牧歌》時，我穿上自己設計的民族服裝，是一套顏色鮮艷的迷你裙，拿著扇子，一邊唱一邊跳舞。主持人問我：「是什麼舞呢？」我說：「是蒙古的草原舞。」他很驚訝：「誰教你的？」我毫不猶豫地說：「沒有人教我的呀！我自己想出來的呀！」他聽了忍不住大笑，我也笑起來了。相信當晚在電視前也有很多觀眾一起笑起來，因為當我的演唱會門票開始預售時，三小時之內三場演唱會的五萬四千張票就賣光了！

一九八五年春天，陳美齡的慈善演唱會在北京首都體育館舉行，但準備工夫卻難似登天。

「沒有資助，做不到呀！」金子力很頭痛，每日都在想辦法。

當時和中方聯絡也不容易，大部份要寫信，國際電話也打不通。好不容易找到贊助，又發覺場地完全沒有設備，所有機器、樂器都要自己運去。

日本的 NHK 電視台決定為我拍一個時事特輯，還希望到貴州拍攝媽媽的故鄉。當時貴州是外國人的禁區，要得到許可才行，絕非小事。結果貴州讓我們回去拍攝，貴州電視台隨隊拍特輯，中國中央電視台要轉播音樂會，陳美齡回中國演出之行受到多方面的注目。

「你是解放後回國歌手第一號，十分勇敢呀！」中國的媒體對我說。

一方面台灣的導演向我提出警告：「若你真的要回國演唱，我以後就不能再找你拍戲了。唱片公司也會放棄你，你真的要想清楚呀！」

我的回國演唱會，原來也是一個政治問題。但我心意已定，夢想不能拋棄。

我的心願時常都跑得比我快，我就是一直在後面追。這一次也是一樣，但追著這個心願的不單是我一個人，在日本、在香港、在北京、在貴州都有大批人和我一起奔跑。

我的小願望，變成了跨國大工程。

演唱會的曲目要接受評估，但我的歌曲都是偏向正面的，所以沒有大問題。我會帶自己的樂隊，但也希望和內地的音樂家合作，所以邀請了十多名弦樂團和一百名合唱團成員參加演出，還特別找了一班小朋友和我一起唱歌跳舞。演唱會開始前幾個月，大家都在各自的國家練習。

一九八五年四月，在一個明媚的下午，我到達北京，小朋友們來歡迎我。車子經過天安門廣場時，有一位爺爺帶著孫子在放風箏。

「你看！是燕子的風箏呀！陳美齡燕子回來了！春天來了！太好了！」宋慶齡基金會的工作人員喜悅的說。

我舉頭望風箏，是一對燕子在青天白雲下飛翔，很優美，很和平。
淚水湧出，心情激動，我感受到大家對我的期望，深知自己的責任重大。
我是燕子，跨山越海地回來了。
我希望用歌聲把新風帶到國內的歌壇。
做得到嗎？
美美，你做得到嗎？
我不斷的問自己。

18

‘The return of
the Swallow—
Chan Meiling Concert
in Beijing’

歸來的燕子・陳美齡北京音樂會

燕子雖小，
但可帶來新風。

—

一生人之中最感動的演唱會。

「首都體育館的觀眾席和舞台離得很遠，舞台一定要做得夠大，才能有臨場感。」幾個月前，我的舞台監督視察場地後告訴我們。

但當我親眼看到舞台時，不禁張大眼睛，「嘩！」的叫了出來。

寫有「歸來的燕子陳美齡音樂會」的中央舞台非常巨大，連一百位合唱團、五十位小朋友、三十位音樂家一起站在台上也顯得很渺小。

舞台前有一條長長的通道，一直延伸到場地的兩邊，長度至少有一百米，一邊唱一邊走的話，走一圈差不多能唱完一首歌。

我知道我要控制全場的話，必須全心全意去演唱，把歌聲透入人心、打動心弦、喚醒靈魂。

音樂會開演時間到了，萬事俱備，我穿上有點像太空人的歌衫，從舞台邊緣望向觀眾席。全場坐滿。解放裝的男女帶著家人，濟濟一堂，一邊談話，一邊望著舞台。他們的期待令我心跳、腳震、口乾起來。

場內突然廣播：「請尊重表演同志，不要拍手、踏腳和丟棄果皮！」

我聽到這廣播，慌了，回頭望著金子力。

他看到我的眼神，問我：「發生了什麼事？」

我說：「他們說觀眾不能拍手！」

金子力不明白。「什麼？」

我說：「不能拍手！」

他也動搖了。

「可能他們不習慣音樂會的程序。你唱你的，不怕，用心唱就可以呀！」

我點頭，但不能想像沒有掌聲的音樂會。

樂隊開始演奏開場的音樂，從天而降的星星照亮全場。

第一首歌的前奏開始了！我吸一口大氣，走進聚光燈之下。

觀眾們哄動起來，又驚又喜，傾身向前盯著我。我在舞台上一邊跑，一邊唱，又跳，又揮手。我一曲又一曲的唱，不到第三首歌，掌聲來了，歡笑聲也來了！

我很興奮，和觀眾在同一個旋律和空間裏享受音樂。

小朋友上台和我合唱《媽媽好》，我教觀眾一起唱歌、玩遊戲，笑聲迴響，場面溫馨。《原野牧歌》、《假如》和《愛的咒語》得到全場的熱烈鼓掌，我和一百位合唱團員唱出《大海故鄉》和《漓江曲》，場面壯大感人。

當我唱《歸來的燕子》時，我說：「請大家不要當我是一位國際歌星，我只是一個中國人，希望為大家唱歌。所以唱這首歌時，我不會用任何樂隊的音樂，就作為一個中國人為你唱！」

獨唱的歌聲響透全場。

大家都哭了，歌中的鄉愁打動了觀眾的心。我的淚水也停不下來，但依然堅持用最好的歌聲把歌唱好。

太感動了！我的心充滿了愛，通過我的歌聲，飄到每一個人的心裏。

那一刻我們不再是觀眾和歌手，而是久別重逢的家人。

—

淚灑舞台，打開中國的門。

一曲唱完，掌聲如雷，觀眾大叫「安可」。

啊！沒法形容當時的心情，那是一生難忘的片刻！

我好像受到祖國擁抱，真真正正的回家了。永遠不會再寂寞、孤單或受人欺凌。因為我感受到祖國的溫情。

小燕子真的回巢了！

演唱會完後，觀眾依依不捨。一起演出的小朋友拉著我的手，邊哭邊叫，「陳美齡阿姨不要走！」我也不禁流淚，大家一起哭了七、八分鐘。國家領導人、康克清、黃華、錢昌照都來看演唱會，紀念狀上還有鄧小平的簽字。

這一場音樂會不斷在電視上重播，當時的卡帶也在市場上不停被翻版，在內地掀起了陳美齡熱潮，被稱為「回國歌手第一號」，獲得很多人的讚賞。

很多年輕人都喜歡我的歌曲，領導人也覺得音樂不一定就是靡靡之音。

燕子雖小，但帶來的新風卻把緊閉的門打開了。

陳美齡的「歸來的燕子」音樂會，在新中國的音樂界，創了新歷史。

慢慢，海外的歌手開始到中國演唱。

中國的音樂界，踏入新的境界。

19

Became ambassador
for UNICEF
to help children

為兒童、當大使

不要「有名無實」，
要做一個「講得出做得到」的人。

為《二十四小時 TV》節目做主持人。

一九八五年，我被選中擔任日本電視台夏天的大型電視節目《二十四小時TV》的主持人。那是一個籌款節目，每年都找當年最受歡迎的藝人當主持，因此被選中是一種榮譽，也是人氣的證明。

當年有一則衝擊全世界的新聞，就是埃塞俄比亞的旱災和戰爭引致大饑荒，有數百萬人徘徊在生死邊緣。

《二十四小時TV》為救援難民，在埃塞俄比亞北部設了一個難民營，在節目中公開籌款。我看到新聞報導裏的小朋友，幼小的身體衰弱到只有皮包骨，眼裏充滿了恐懼。我想擁抱他們、安慰他們。

「請讓我去探訪他們。」我對節目監製提出。

「不可能的！現在當地戰爭激烈，而且疾病蔓延。派您出去，生命沒有保障。做不到。」他一口拒絕我，但我不放棄。

「您要我在電視上呼籲人捐款，但若我自己沒有看到現狀，怎會有說服力呢？

我的生命，我自己負責任。求求您准許我去探訪小朋友。」

經過再三要求，電視台決定派我去埃塞俄比亞，探訪難民營和拍紀錄片。

一九八五年六月，我出發到埃塞俄比亞，這也是我第一次探訪非洲。

難民營在首都的北面，車子越向北移動，旱災的情況也越來越嚴重。寸草不生，綠地變成沙漠，路上和兩旁擠滿尋找食物的人。因為他們衣不蔽體，能夠看到究竟有多瘦。那已經不是皮包骨，而是瘦到皮和骨都分開了，鬆弛的皮膚垂在屁股下搖盪。瘦到像骷髏般的人不能走動，只能爬著、躺著；小孩子在大哭，老人在流淚，慘無人道。

突然，軍隊從山上跑下來，用槍指著我們：「停車！停車！」

我們急忙把車停下，軍隊上車檢查，尖叫：「別動！別動！」

我們高舉雙手，不敢作任何行動。這時，車外的難民一起擁到車邊，「請救救我的兒子！」「請給我們一點吃的！」拍打著車窗向我們求救。

我拿了一點水，準備下車救人，但車上的士兵用槍指著我：「停！坐下！」我呆了，不知如何反應。

檢查完畢，士兵離開車廂，揮槍趕我們離去：「GO, GO, GO!」

司機趕忙開車，我回頭看車窗，只見玻璃外面沾滿了難民手上的血水、膿水，不禁「哇！」的叫了一聲，讓當地的工作人員失笑。

「噢！相信你們已經忘記了，但在埃塞俄比亞，痲瘋、痢疾、瘧疾等都是致命的傳染病。你要小心，希望能活著回國！」

電視台的人員再三向我強調：「現在這裏有很多傳染病。千萬不要擁抱或用手碰觸小朋友，否則你也會被感染。」

數小時後，為了把貨車上的小麥搬進貨倉，我們下車了。

附近村落的小朋友見到我們，結群跑來，飛沙走石，還跟著一大群蒼蠅。我們嚇了一大跳，停下腳步，不知所措。小朋友看到我們猶豫的態度，也停下來了，不知道應否繼續前行，不知道我們是敵是友。

那一剎那，我心裏很難過，責怪自己：「你在怕什麼！快去歡迎小朋友啦！」

但一下子，小朋友就突然跑散了。他們一起爬在地上，把泥沙塞進口裏！

原來有小麥從麻包的縫間掉下來了，小朋友看到，不管是泥沙也好、小麥也好，拾起了就往嘴裏塞。小麥還帶著殼子，可以想像得到他們是如何的飢餓。

當地人用皮鞭趕孩子，他們有些跑，有些哭了；跑了又回來，又受鞭打。

我高呼：「不要打！不要打！」但在混亂中，我的聲音根本沒作用。

當我們終於把小麥搬運完後，大家回到車上，連大男人也哭了。

問題太大，而自己卻太渺小。

傷心、無力，沒有人說話。

我把眼淚抹乾，請當地人教了我幾句斯瓦希里語，然後配上童謠的調子，改編了一首非洲兒童能夠明白的歌曲。

「Tururichi denanacho, denanacho, denanacho, tururichi denanacho, wadenia.」

Tururichi 是「可愛的孩子」。

Denanacho 是「大家好嗎？」。

Wadenia 是「朋友」。

我在心裏反覆練習。當我們到達《二十四小時 TV》的難民營時，剛好是午餐時間，有三千多名營養不足的小朋友在吃午飯。他們坐在地上吃稀粥，眼睫毛上停滿了蒼蠅，手腳上面也有傷口，情況非常惡劣。

我跑到他們的中間，想和他們交流，但又不會說他們的方言。隨即，我想起我改編的小歌曲，就一邊拍手一邊唱起來。

一開始，小朋友瞪著眼睛望著我，不知道我在做什麼。但慢慢地，他們笑起來了，一個個的站起來，大腿瘦得只有我三四根手指那麼粗，他們搖著身體，突然一起跳起舞來！那是他們歡迎客人的舞，叫 Sukusuda，大膽一點的小朋友更拍著手，隨著我唱歌！

哇！他們像忘掉了所有的痛楚，邊唱邊跳。我很感動，覺得很神奇！小朋友實在太可愛了！我不顧一切，擁抱了他們，親吻了他們，跟他們笑在一團。我心想：「若我在這裏跟他們一起死掉了，也是值得的！」

我心裏的喜悅無法形容，好像得到了一個大的解脫。生與死的困擾離開我了，在我面前只有愛、只有生命、只有快樂。可能我無法拯救世界上全部的小朋友，但如果我能夠安慰在我面前的小生命，我的人生就是值得的，應該可以說是有意義的。

從那次開始，我一有機會就到外國，探訪需要幫助的小朋友，捐錢建學校、建醫院、掘井等等。一九九八年，我收到聯合國兒童基金會（UNICEF）的邀請：「我們希望你為最弱小的兒童代言，希望你參與我們的活動。」

我聽到這句話，非常感動。對的，世界上有太多小朋友的聲音受忽略了。他們的存在也沒有人關注。若我能利用自己的藝人身份和傳播力，應該可以為小朋

—

小朋友和我跳舞唱歌，我開心到簡直要死掉了！

友盡一點力。

那一年，我被任命為聯合國兒童基金會在日本的親善大使，人生踏進了另外一個新時代，一個責任重大，而且非常複雜的新階段。

我心中充滿熱情，期望自己的活動可以為兒童們帶來一點希望。

我不要成為一個有名無實的大使，而要做一個「講得出做得到」的大使。

只要有心，我相信一定會有好的進展，而這個想法到現在還是百分之一百沒有改變。

20

Sino-Japanese
marriage

中日婚姻

愛人不應受人種和國籍的限制，
愛，該能克服一切。

—

他是日本人，我是中國人，所以要結婚並不容易。

一九八五年春天，金子力突然告訴我，他要回到爸爸的公司繼承家業，並坦然表示做完了《二十四小時 TV》就會離職。

什麼？那不就是說以後不能每天見到他了？

見不到他的每一天，我能生存嗎？我會開心嗎？

一千一萬個疑問在我腦海裏面轉來轉去。

我得到的答案就是：我不能沒有他。

不是因為他是我工作的夥伴，而是因為我愛他、尊敬他、喜歡他，希望和他共度人生，希望和他建築家庭。

沒有了他，我會非常寂寞和空虛。

我希望他也是同樣的感受。

有一天晚上，他喝醉了，深夜打電話給我。

「你的願望就是我們的願望，因為我們都愛你。」

我說：「不要拿我來開玩笑！」

他沒有回答。

等了數秒鐘，他很清醒的說：

「不是開玩笑。我說的是真心話。我愛你。」

我的心亮了！好像是在做夢，希望時光能停下來。

因為我知道，我當時感覺到的幸福，是人生最高峰的幸福、最珍貴的幸福。

我小聲說：「我也愛你。」

我倆沒有說其他話，只是一同享受那幸福感。

不知不覺，我拿著電話筒睡著了。

從那天開始，我們從工作夥伴變成情侶。每天都是甜美的，未來是光明的，人生是美滿的。我的心中沒有懷疑，知道他是我最佳的終身伴侶，全心全意的希望能夠與他結合。

當他真的要離開崗位，去協助他爸爸的生意時，他說：

「雖然不在一起工作，但我們可以去吃飯、看電影啊！」

我認為他是在表示，希望和我繼續來往。我深信我們將來一定會結婚的。

我的預感沒有錯，一九八五年秋天，我們決定結婚。

但因為他是日本人，我是中國人，要結婚並不容易。當年香港發生了反日運動，我知道我的家人朋友一定會反對，但想不到會反對得那麼厲害。

當結婚的消息傳到香港時，為了向家人解釋，我回到香港。

記者要求跟我見面，招待會上的第一個問題是：

「你真的要和日本人結婚嗎？」

我微笑點頭。

第二個問題是同時從幾個記者口中出來的。

「如果中日戰爭爆發，你站在哪一邊？」「你的兒子當日本兵嗎？中國兵嗎？」

我好像中了一槍，思想停滯，激痛至深。

我忘記了我是怎樣回答的，但無論我說什麼，同樣的問題依然接踵而來。

淚水湧出來了，聲音越說越小。

有一位記者朋友可憐我，為我打圓場。「好了好了。夠了夠了。」又把手帕給我抹眼淚，為我安定了場面。

當天晚上我睡不著。

在香港逗留期間，我去尋找有關中日戰爭的資料，但越理解就越痛苦。兩國之間有太多不忍卒睹的悲慘歷史。日軍在中國和香港做過的事，相信大部份日本人也沒聽過。

我不知道如何告訴金子力，也不知道他是否有勇氣面對歷史事實。

回到日本當晚，金子力來吃飯。

我忍不住向他解釋中日戰爭時日本軍在香港做的事。他默默的聽，沒有反應。我能想像他有多難受：又憤怒、又羞恥、又不願相信。我一直在說，他一直在聽。

飯菜吃完，茶也喝光了，我舉頭看看鐘，發覺已是深夜。

他站起來，拿起袋子，「算了！我們不能在一起吧！」說完，打開大門走了。

一切發生得很快，我根本沒有阻止他的機會。看著空了的椅子，我開始後悔和他談及戰爭之事。但如果我們要成為夫妻，這始終是一個逃不了的難關。戰爭已經結束了那麼多年，但還是繼續給人帶來苦楚。

我用拳頭搥打心口，反覆在說：「I hate war! I hate war!」

早上五點，我家的門鐘響了。

我打開門，金子力站在門口。他直望著我的眼睛說：

「我是日本人。這個事實，我改不了。可以嗎？」

我哭了，投進他的懷抱。太感動了。

我說：「我是中國人，可能會帶給你很多麻煩。請多多指教。」

就是這樣，我們決意一起面對共同的人生。當時我們充滿希望、勇氣和信心。

我們相信，愛人是不應受人種和國籍的限制，人類是平等的。愛，該能克服一切。

一九八五年十二月二十五日，聖誕節。

金子力和陳美齡，正式成為夫妻。

21

Building
a family

建立家庭

只要有正能量，
未來是無限的。

—

兩個人，共創未來。

我們的婚禮很特別。

媽媽堅持要讓風水先生對一對八字，風水先生為我們擇日的時候，發覺只有一天適合，而且竟然是十二月二十五日聖誕節。

「沒有教堂會讓你舉行婚禮呀！」姐姐告訴我。

但風水先生說：「不在那天行禮，以後就沒有幸福日子。」

金子力和他的家人是日本人，根本不信風水，但為了婚禮能夠圓滿，我們決定接受所有要求。

我們首先在日本舉行了儀式，再回到香港在教堂行禮，在大酒店請客後，又再回日本請第二次的婚宴。

港日媒體熱心採訪，日本還做了特別節目，本來是兩個人的婚禮，變成了公眾之間的大熱新聞。但我們深深知道，為了兩方的父母、親友和朋友快樂，這個大婚禮是一定要做的。

可幸得到家人朋友的幫助，婚禮十分成功，得到廣大的好評。

當我們終於出發去夏威夷度蜜月時，我累得要命，一下機就病倒了。

國際婚姻是比較複雜的，但我們相信只要我們幸福，早晚會得到大家的認同。

金子力在橫濱建了我們的小天地，一間有小花園的屋子。為了將來有小孩子，屋子有三間睡房。一間是我們的睡房，一間是小孩子的房，一間是為雙方父母來探我們時的客房。

我太喜歡那間小屋子了！

每一個角落都充滿了我們的希望和愛。站在廚房，從窗口望出去，可以看到小花園。春天有小鳥來唱歌，夏天花園開滿鮮花，秋天葉子轉成金黃，冬天雪花飛舞……那是一個真真正正屬於我們的家，太感恩、太快樂了。

新婚生活非常美滿。

一九八六年春天，我懷孕了！

我又高興又慌張，在我的身體裏面有一個小生命！真的有一個金子力和我創造的小生命在成長！我的生命再不只是我一個人的生命，而是兩個人、也可以說是三個人的生命！

我感覺到，我突然間明白了生命的秘密和愛的創造性。

當一個孕婦，原來是學習人生哲學的好機會。生死的秘密不再重要，最重要的是小生命能健康的誕生。只要小生命能生存，我的生命就沒有白費。

原來人生就是這麼簡單，無須多想。還未當上母親，肚子裏的小生命已幫我明白了最基本的人生道理。

雖然懷了孕，但我依然繼續工作。

結婚和懷孕，令我更加受到注目，人氣更加高漲，工作非常繁忙。隨著肚子越來越大，我發覺身體有一點承受不了。但當時我還是在娛樂公司工作，不能為自己的工作量作主。

我心裏很矛盾，但為了保護肚子裏面的小生命，我作了一個重大決定，就是我要獨立！建立自己的公司，自己決定工作日程。

我和金子力商量，他也贊成。

我們向金子力的爸爸請求，讓金子力回來當我們新公司的社長。

真的不明白為什麼我們會那麼大膽，完全沒有想過會失敗，好像只要兩個人在一起，就一定會有更美好、更自由的未來。

我們一方面準備迎接小生命，一方面開設自己的公司，面對著很多問題，但我們的正能量好像是無限的。

我們談工作的夢想，談當父母的責任。

年輕的我們眼神是明朗的，心情是輕鬆的，精力是充沛的。

我們的人生馬拉松，起跑了！

22

Arthur is born

和平的誕生

生命的誕生是奇蹟，
是每一個父母都能夠感受到的奇蹟。

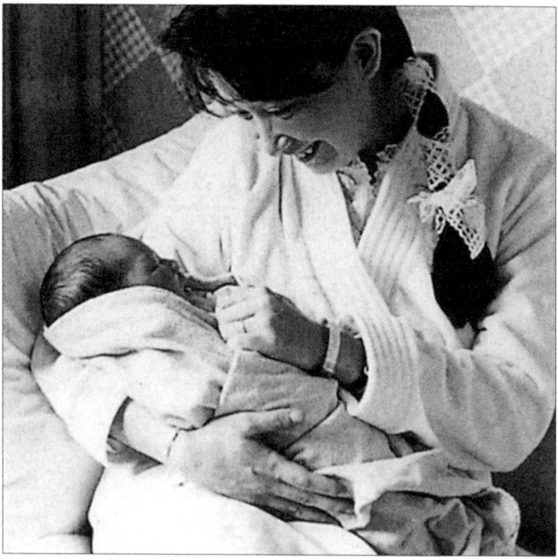

—

和平，多謝你選擇我做你的媽媽。

金子力把手放在我的肚子上面，一邊畫圈子一邊反覆說：「運氣、智慧、愛。」這是他希望給即將誕生的小生命的幾件禮物。我對他說：「還有一個啊！就是健康！」從那天開始，睡覺之前，他就會向肚子裏的小生命說多一句：「運氣、智慧、愛、健康。」有些時候他會向著肚子唱情歌。「這樣孩子一出生，就會認得我的聲音了！」新爸爸非常興奮。

我們決定到加拿大，在我媽媽身邊生小孩子。「有婆婆在身邊比較放心。」預產期是十一月十一日，我一直工作到十月中，然後獨自飛往多倫多。我和媽媽一起去看醫生、買東西，準備嬰兒的誕生。

一九八六年十一月一日半夜，陣痛開始來了。生過七個小孩子的婆婆十分鎮定。「等多一下無問題的。」天一亮，我就和媽媽趕去醫院。

那時，多倫多剛下了第一場雪，十分寒冷。我在顫抖，不知道是因為氣溫，還是因為緊張。

我求上天，希望能夠順利把小生命帶到這個世界上。

因為我是第一胎，所以奮鬥了十多個小時，還沒有把嬰兒生下來。

醫生也著急了。

「嬰兒的頭太大，要做小手術！」

護士把我推進了手術室，一小時之後，嬰兒誕生了。

當我聽到嬰兒的哭聲，所有的痛楚都拋諸腦後，歡樂的淚水湧出來了。

醫生把初生嬰兒放在我的懷抱中。「是個男孩呀！恭喜您！」

我擁著他，覺得一切都是值得的，不需要任何其他東西了。

「多謝你選擇我做你的媽媽，我太愛你了。」我哭著對他說。

這是生命的奇蹟，是每一個父母都能夠感受到的奇蹟。

我知道我永遠不會忘記這一刻。在人生的路途上，當我心靈受到挫折的時候，若我能記起這一刻的喜悅，相信沒有什麼挫折可以難倒我。

我正正式式成為一位母親了！

為了孩子我會堅強，為了孩子我會勇敢，為了孩子我會追求善美。

對的，為了孩子我會付出一切。

不，是會付出「多過」一切、我想像不到的一切。

金子力趕來加拿大，跑進病房，看到兒子，對我說：「辛苦你了！多謝你呀！」他抱起兒子，護士離開房間把門關上。

房間裏留下了我們三個人，三個永遠分不開的「家人」。

我多謝上天，多謝丈夫，多謝兒子，多謝我的父母和金子力的父母，多謝人類，多謝地球，多謝宇宙……

我不知道我要怎樣才可以報答這個恩惠。

窗外還在下雪，我們三個人在溫暖的房間裏面，享受著平靜的時光。

我們為孩子取名「和平」，因為我倆最大的夢想就是世界和平，人類友好。
我們把他的名字用毛筆寫下，貼在床頭。
「和平，我就是你的爸爸呀！」
每逢金子力叫他，他就會轉頭望爸爸。爸爸一唱情歌，就算和平在哭，也一定會平靜下來。
爸爸的聲音，和平真的認得。

我們叫和平做「和平仔」。
婆婆特別喜歡ＢＢ，幫助我一起照顧和平。我們一天二十四小時都不會離開和平的身邊，一起睡覺，一起醒來，整天抱著他也不會覺得疲倦。
但是，我這快樂媽媽的時光並不能維持，因為日本電視和電台的編導們每天都聯絡金子力，要求我快些復工。我勉強休息了兩個多月，但已無法再延期了，唯有回日本重新開始。

23

Agnes
Controversy

美齡論爭

為了要去前人未到的地方，
唯有做開路先鋒。

參議院要求我在國會以工作母親的身份發言。

新任媽媽復工的最大問題是：誰看孩子呢？和平是吃母乳的，而我卻住在橫濱，距離東京大約兩小時的車程，不可能趁工作的空檔回家餵奶啊！

「我可否帶他一起去工作呢？」我問金子力。

「那你要問編導了。」

於是，我和編導通電話解釋情況，他說：「快點回來工作吧！不管你帶誰來，孩子也好，小狗、小貓，甚至小兔子也可以！」

我很高興，以為問題解決了。

我召集工作人員，對他們說：

「我們一向都以謙虛有禮為宗旨，現在有了BB，更加要小心，不要給人家添麻煩。不可以帶BB到錄影室，人多的地方不要去；保持BB開心，若哭的話，帶他到外面走走。」

大家點頭，和平張大眼睛大笑。

大家又一起點頭，和平又大笑。大家給和平逗到開心不已。

「您放心吧！一定無問題的。」大家鼓勵我這個沒有經驗的新媽媽。

但結果，這個行動不是「無問題」，而是大有問題！它引起了日本婦權運動歷史上最大的論爭之一，叫「Agnes Controversy」（雅麗絲論爭，以下稱美齡論爭）。

事緣我第一次返回電視台錄影的那一天，記者要求與我和孩子見面，錄影完畢後我會見記者，給大家一個機會拍攝母子照片。

記者問我，既然有了小孩，有沒有想過退休？

我答說：「沒有想過呀！在香港和中國內地，有很多媽媽都工作的。在中國還可以帶小朋友一起上班呢！五百名以上員工的工廠，很多都有託兒所啊！」

當初，報導反應非常好。觀眾鼓勵我的做法，有很多人讚賞我是一個好媽媽。

但我當時卻不知道，原來那一番說話，會帶來十分嚴重的後果。

第一、是我用了中國作為榜樣。

第二、是我覺得有了小孩，女性也可以名正言順的繼續工作。

這兩個想法，對日本保守的人來說，是非常具挑戰性的。對他們來說，日本是先進國家，不需要以中國為榜樣；而且女人的天職是相夫教子，並不是拋頭露面，在男人的社會裏工作。

他們認為，如果我的想法橫行社會，會對日本的傳統和秩序帶來壞影響。

加上我是一個主張「面對歷史」、「中日友好」，在日本非常受歡迎的華人，對極右主義者來說是一個大威脅。

論爭是從幾位右派文人和專欄作家對我的行動提出批評開始的。

「帶孩子上班，會給人麻煩。」

「對孩子也不好。」

「結了婚，生了孩子，就應該守婦道。」

「又想生孩子，又想追求事業，太貪心了。」

一方面有婦權運動的學者提出：「這不單是陳美齡的個人問題。其實是每一個父母都面對的問題。」

社會上的論爭日益激烈化，有人贊同我，有人反對我。

當年日本出生率下降，為了抑止少子化，國會正打算通過男女平等的法律，希望有助婦女（包括產後媽媽）進入社會工作，認為婦女自由會對出生率有好的影響。

剛好我是一個兼職媽媽，參議院特別邀請我當參考人。

那天我在國會上提出，社會一定要多理解兼職媽媽的困難，要多支持追求事業的女性，更要在公眾地方多接受小朋友的存在。

我的發言大受注目，變成更加熱門的話題。右派的媒體開始個人攻擊。

「歌又不是唱得好，日本話又說不準確。特別討厭，不知道為什麼會有人氣。」
「區區一個歌星，竟然談論社會問題，當自己是一個文化人，荒唐！」
「身為一個中國人，竟然來日本指導我們的社會？真夠膽，可惡！」
「她是一個壞媽媽！」

這場論爭長達兩年多，「美齡論爭」甚至得到一九八八年日本「新語流行語大賞」流行語部門的「大眾賞」。

工作方面則沒有太大的影響，因為有很多人支持我，而且我的收視率很高，電台電視不會那麼容易的放棄我。但每天的攻擊，不多不少，都對我的精神造成傷害。

有一天，我在浴室和和平一起洗澡時，忍不住哭了。

當晚，金子力對我說：

「你應相信日本大眾的常識。如果你的行為是對的話，一定會得到支持。你

「美齡論爭」成為了當年的流行語。

應該以你的人生去證明，你現在做的事是對的。為了下一代的婦女，你要成為一個好榜樣。」

我抱著和平，低頭沉思。

「用我的人生去證明……」這是非常難做到的事。因為人生有很多事，根本不是我可以控制的，但我也知道金子力說的話有道理。

如果我這個兼職媽媽失敗的話，對我的後輩來說，是一個大打擊；如果我成功的話，卻是一個大鼓勵。

為了下一代的媽媽能自由的追尋夢想，我只許成功，不許失敗。

我在心裏對和平說：「孩子啊！你長大要做一個好人，為女性爭一口氣啊！」

和平已經熟睡，沒有聽到。

看看旁邊的金子力，他也睡著了。

我要走的路，以前未有人走過。
和我一起走的夥伴，也不知道路在哪裏。
唯一知道的是：此路非走不可。
我需要尋找方向，做開路先鋒。
但我沒有信心，也沒有道具，在濃霧中躊躇，六神無主。
要做一個成功的兼職媽媽，我要怎麼辦呢？

24

Attend Stanford University
School of Education
PhD program

攻讀史丹福博士學位

無論多渺茫，
也不要放棄千載難逢的機會。

—

我的恩師 Myra Strober 引導我了解男女平等的構造。

「美齡論爭」成為婦權運動的源動力。有輿論的支持，國家成功通過了《男女僱用機會均等法》；學者和政治家更指出，日本需要有產休法例，以保護媽媽的產後健康和復職機會。

我的論點得到認同，還開始改變社會，右派更加不滿，對我的攻擊日漸惡化，雜誌以子虛烏有的謠言中傷我，希望打擊我的形象。

當時我除了在電視電台有十多個節目之外，還在大學講書，也是一個熱門的演說家，更為十多間企業當代言人，在社會有一定的影響力。我的存在，令反對我的人十分不舒服，成為他們的眼中釘。

「我們要趕絕這個中國女人！」「她只是一個貪日本錢的中國人！」

聽到這些說話，我很傷心。

我明明嫁了日本人，日本是我的第二故鄉。

當時公司時常收到恐嚇信，但金子力都不讓我看。

有一天我回到公司，金子力不在。我拿起他桌面的信來看，其中一封寫著：「陳美齡，你別得意！月黑風高的晚上，小心你的孩子！」

我打了個寒顫，發覺論爭已進入瘋狂境地。我緊抱和平，怕有人會對他不利。

論爭成為國際新聞，連美國的《時代雜誌》也報導了。有一位史丹福大學的教授看到報導後，通過共同的朋友聯絡我，希望與我見面。剛好有一間加州的大學邀請我去演講，於是我們一家人赴美，演講後順道到史丹福大學會見她。

她是一位十分有吸引力的女權經濟學學者。她細心聆聽我的話後，對我說：「你應該來跟我進修男女學、經濟學和教育學。這樣你會明白為什麼論爭會發生，和如何改善婦女的情況，否則這個論爭就會只停留在一個藝人受到攻擊的程度。來史丹福修讀博士學位吧！對女人來說，有一個博士學位，特別有利的。」

聽到她的提議，我有一點驚訝。

難道她不知道我已經是一個媽媽？而且在日本有千萬份的工作等著我去處

理，留學根本不是一個現實的選擇。

教授把入學申請表交給我。

「考慮一下吧！你一定不會後悔的。但入學不容易啊，而且還有幾天就截止了。加油！」

我拿著申請表，回到酒店和金子力商量。

「史丹福大學！千載難逢的好機會啊！先試試可否考得上吧！」

申請入學除了要寫論文外，還要在國際性的共同考試（GRE）中得到優秀成績。而且截止日期迫在眉睫，共同考試雖然可以回日本後考，但論文卻非要在一兩天內寫好寄出。我知道成功率很低，但本來就沒有期望，考不進也沒有損失，故決定試試看。

當天晚上，和平睡覺後，我用酒店的信紙，寫我的小論文。內容提及美齡論爭，表示希望研究女性的歷史經濟，及如何用教育推展平等和沒有歧視的社會。

那天晚上我十分集中，一氣呵成，徹夜完稿。

我把申請表填好，連同手寫的論文和申請費，寄去史丹福大學教育學院博士課程新生入學部。

回到日本考了GRE，成績不錯，但仍然沒有多大信心能入學。

一九八九年春天，我收到通知書，考上了史丹福大學教育學院博士課程！

我喜出望外，覺得是找尋「美齡論爭」的真正意義的好機會。

但事情不是這麼簡單，因為同一時間，我發覺自己又懷孕了！

一邊上學，一邊帶一個孩子已是不容易，帶兩個孩子就更是難上加難，幾乎是沒有可能做得到的。我決定放棄留學，接受現實。

我打電話給教授：「對不起，我還是不去了。」

她沒有說話，過了幾秒鐘，她問我：「你是否懷孕了？」

我嚇了一跳，為什麼她會知道？

她繼續說：「很多女士都是用這個藉口放棄自己的夢想。你是否希望將來對你的孩子說，為了你，媽媽放棄了去讀博士學位？」

我答：「當然不想……」

教授鼓勵我：「不要怕，在美國有很多父母都是帶著孩子求學的。放膽來吧！我們一定支持你！」

一九八九年九月底，我大著肚子，帶著兩歲多的和平仔，到史丹福大學報到，成為教育學院博士課程的研究生。加州陽光普照，校園氣氛開放，和平滾在草地上玩耍，跑來擁抱我說：「這地方真好！我喜歡這裏！」看到他的笑臉，我心裏的懷疑消失了。

我對著藍天許下了諾言：

「不勝不歸！一定要拿到博士學位，不能辜負大家對我的期待！」

25

No complains and fear;
no win no rest

不怨不懼，不勝不休

沒有不可能的事，只是還沒有想到；
已經有人做的事，應該能做得更好。
只要有心，一定有路。

帶著一個孩子到史丹福；在史丹福生了一個孩子。昇平，歡迎到世上。

史丹福大學是一間促進意見交流、創造新知的頂尖學府。師生之間沒有階級之分，大家互相尊重，一起尋求新主意。大學並不把傳統放在第一位，最重視的是如何創造未來，如何利用智慧把人類帶到新天地。史丹福精神是：沒有不可能的事，只是還沒有想得到；已經有人做的事，應該能做得更好。

這種想法真棒！

第一天上學，我大著肚子和新同學步向教育學院，我說：「前後左右都可能是第二個喬布斯、第二個蓋茨呀！」

同學拍拍我的肩膊說：「No, no. 應該說，自己可能是第二個喬布斯呀。」

噢！對的！我也是史丹福的成員了，要有遠景、創意，和改善社會的鬥志！

一九八九年十一月三日，在媽媽、金子力和和平的看護之下，第二個孩子在史丹福大學醫院誕生了。七磅九的男孩，取名為昇平，寓意太陽升起的地方都充滿和平。一家人圍著小生命，很感動，又感恩。我跟和平說：「一起把弟弟帶好，好嗎？」和平點頭，擁抱我們。

金子力宣佈：「我在家是老二，昇平由我來帶吧！」

當晚，醫院不容許我和昇平一起睡。肚子裏面的小生命在別的房間，家人又回家了，一個人在病房，我突然覺得很寂寞。

那種感覺很奇怪，好像我不能再獨自生存，我需要去照顧孩子。我感到自己的生命很渺小，我要保護的小生命很偉大。

可能那個晚上，我真正成為了母親。

十一月三日是星期五，我在星期天出院，在家裏休息了一天，星期二回到大學上課。我一進課室，同學們就擁過來，興奮地問：「肚子沒有了！生了嗎？」我舉起大拇指，「對呀！It's a boy!」

大家紛紛表示祝賀，這時教授剛好進來，「發生了什麼事？」

大家指著我的肚子，教授給我一個大大的擁抱，恭喜了我。

我回到座位坐下，教授突然問：「哪天出生的呢？」我說：「星期五。」

教授眉頭一皺，「今天是星期二，為什麼昨天沒來上課？」

我很吃驚！我本以為我算是很快復課的媽媽。大家都不知道如何回應。

教授看到我們的表情，大笑起來，「開你玩笑啊！」

同學們也鬆一口氣，大笑起來。

我心裏暖暖的，很開心，感覺到大家的祝福。

我覺得自己沒有選錯大學，覺得自己很幸運，更覺得可能真的可以一邊帶孩子，一邊完成學業。

史丹福的博士課程程度很高，每天要閱讀的參考書多不勝數。下課回家後要帶孩子，等他們睡覺後才開始溫習，每每通宵達旦，但我一點也不覺得累。

就如金子力所說，這是一個「千載難逢」的機會，可以吸收到的知識，我都想盡數吸收，就好像飢餓的企鵝，不顧一切的把書本塞到肚子裏。

從其他人看來，我的學習方式是有一點瘋狂。但對我來說，簡直津津有味，是無上的享受。學習是喜悅，知識是營養。我每一天都忙到發昏，但每一天都非常充實和快樂。

金子力時常找時間到美國，帶我們去玩耍，我則趁學期的空檔回日本工作。孩子們天天長大，和平滿口英文，昇平胖胖白白的，非常可愛。史丹福的校園是他們的遊樂園，加州變成了他們童年的家鄉。

一眨眼，兩年半過去了。我的博士課程讀完，博士論文的提案也通過了。「恭喜你，你是最快完成課程和提案的學生！你可以參加畢業典禮，然後慢慢回家寫論文了。」教授告訴我。

史丹福的畢業禮非常壯觀，媽媽和弟弟也遠道來參加。日本的媒體來做特輯，我的同學們才知道我是歌手，非常驚奇。

「當歌手，還來攻讀博士課程，真棒！」孩子們聽了人家對媽媽的讚賞，跳

在史丹福學習，雖辛苦，卻是無上的享受。

—

畢業典禮，受到親人的祝賀。

躍拍手。看到他們為我驕傲，我臉紅了，不知所措。和平知道我害羞，拉著我的畢業袍，小聲說：「媽媽，I love you.」我的心甜蜜蜜的，兩手抱起他們，親吻他們的小臉，聲淚俱下的告訴他們：「I love you too!」

我明白，能夠順利完成課程，不單單是我的努力，而是孩子們給我的鼓勵、丈夫給我的支持，和史丹福大學給我的機會。

抱著依依不捨的心情，我收拾行李，帶著孩子們返回日本，重投工作、做研究和寫畢業論文。我知道想拿到博士學位，最難的關頭還未度過。

要一邊工作，一邊帶孩子，又沒有教授和同學的支持，我怕沒有力量完成畢業論文。但我不能功虧一簣，否則在史丹福的美麗回憶，會變成白費心機的笑話。

而且我有個夢想，希望可以向下一代的媽媽說：「結了婚有了小孩子，也可以留學進修的呀！只要有心，一定有路。」

所以，雖然知道前路艱苦，但我已經有了心理準備：無論需要多少年，無論有多少挫折，我也必須把論文寫好！

我對自己說：「陳美齡，別害怕，你必定能成為史丹福大學的教育博士。不怨不懼，不勝不休！」

26

PhD mom

媽媽博士

人，永遠有成長的空間。

有志者，事竟成。我真的成為了史丹福的博士。

一邊工作一邊寫論文，真的不容易；加上身邊還有兩個小孩子，每天都好像在戰場。我堅持早上起來為他們做早餐、做便當，送他們上學後才準備工作；工作回來做晚飯，一起吃飯後，和孩子們玩耍、幫他們看功課，再玩耍；待他們洗澡就寢之後，我才開始研究和寫論文。

當時互聯網還未發達，所有資料都要靠從書本裏找，所以我回日本之前買了大量的書籍，也收集了其他人的研究。我論文的主題是比較從東京大學畢業十年後的男女的工作、收入及家庭狀態。先要寄出八千多份問卷給畢業生，請求他們協助填寫並寄給我。收到問卷後，要非常細心的把答案改變為數字，然後用電腦計算出統計學上的指數。

這個過程得到東大學生的協助，雖然辛苦，但總算圓滿達成。我拿著結果，開始分析和寫論文。每寫好一稿，都要把它印成四份，寄給史丹福四位大教授，請他們評估。論文長達四百多頁，每一次都是大工程。我也忘記了寄了多少次，每一個教授的意見都不同，其中有一兩位特別嚴格，寫來寫去也不能通過。

有一天晚上，昇平拿著被子來到書房，不作一聲的爬進了我的書桌底，用手抱著我的雙腳，閉上眼睛睡著了。

我這個媽媽慚愧得不得了。原來小孩子睡著之後，也會想念媽媽。從那天起，我在書房裏鋪好床褥，每天晚上孩子們就在書房裏跟我睡覺。

寫來寫去也不能通過，我又氣餒又著急，花在論文上的時間越來越長。

金子力會半夜進來書房責罵我：「你要學位還是要命？」

我孤立無援，非常難過，只好咬著牙根，忍住眼淚，繼續努力。我的目的已不是要得到博士學位，而是希望寫好論文，在精神上得到解脫。

一九九三年秋天，我把四個大教授的意見和自己的見解終於寫進了論文裏。我有點筋疲力竭，但仍然充滿希望的把它寄出。這一次，論文終於通過了！

一家人欣喜若狂。那天開始，我們回到睡房睡覺，那種解放的感覺一生難忘。

一九九四年初春，我正式成為史丹福大學的教育博士。

我為自己驕傲，為丈夫、為孩子們驕傲。有志者事竟成，我們真的做到了，對自己的信心也增強了。

可能因為我是歌手，社會上有一部份人曾經是看不起我的。但得到博士學位後，我終於找到了自己的聲音，在社會上的發言更有力量。

我慢慢成為女權問題、兒童問題和教育問題的意見領袖，從此更加專注於協助改善女性和兒童的社會地位。我的工作範圍更加廣泛，除了演唱之外，到各處演講成為我工作的另一條支柱。

「美齡論爭」給了我很多痛苦和困難，但也給了我留學史丹福的機會。所以回想起來，論爭是一件好事，因為它令日本社會了解到工作媽媽的情況，也改變了社會對工作媽媽的形象。而我在個人方面來說，也得益良多。

塞翁失馬，焉知非福。

遇到困難的時候，不要驚慌，最辛苦的經驗，可能會帶來最有意義的結果。博士課程教會了我一個道理，就是人永遠有成長的空間，能否與新的自己見面，視乎你有沒有勇氣。

陳美齡變成了陳博士，這真的不可思議！

若十年前有人跟我說這番話，我一定會搖頭失笑，但多謝上天的安排，世上多了一個媽媽博士。

自從我帶孩子去留學後，在日本入讀研究院的成年女性人數上升，很多大學的碩士課程，更歡迎媽媽學生回校進修。

能夠為社會帶來新風氣，鼓勵女性追求夢想，我的努力，總算無白費。

27

Bye Bye colony;
Hello 'One country two systems'

拜拜殖民地。你好，一國兩制

我們都是歷史性瞬間的目擊者。

在回歸典禮上高歌《香港、香港》。

「爸爸，測試有結果了。」我跑去跟金子力說。

「什麼？誰的考試呀？」

我說：「是我的測試呀！」

「你考什麼試？」

我笑得彎腰，把手上的驗孕結果給他看，「不是考試，是有了第三個孩子了！」

他又驚又喜，「真的嗎？嘩！大件事了！」

過了七年，我第三次懷孕了。

我又驚又喜。

嬰兒出生時，我將是四十二歲。因為是高齡生產，我有一點擔心，但小哥哥們非常興奮，期待著小生命的來臨。

雖然工作繁忙，但我也盡量找機會休息，希望生一個健康的孩子。

—

協平出生在香港，是三粒星香港人。

當時是一九九六年，香港快將回歸中國，正受到世界上的注目。正好媽媽回流香港居住，我也決定回港生孩子。

秋天，第三個兒子在香港誕生了！七磅五的男孩子，我們取名為「協平」，希望三兄弟能齊心合力，爭取和平。他在香港身份證上有三粒星，是道地的香港人。

我一如以往，帶著剛出世的孩子工作，同時照顧家裏的兩個哥哥。我以為多了個孩子會吃不消，想不到比帶兩個孩子還容易，因為有兩個哥哥幫手。

記得有一天，爸爸晚上有應酬，家中留下了我們母子四人。

我幫協平洗澡，從浴室出來時滑了一跤。我兩手抱著協平，為了保護他，用手肘和膝蓋著地。因為有一級樓梯，撞傷了小腿前方，流血了。協平在我懷中安然無恙，我卻痛到站不起來。

我高叫小哥哥們，他們跑來一看，嚇得臉也青了！

和平急忙把協平抱起，昇平則陪我爬到床上。他們跑來跑去，拿衣服給我穿，用毛巾幫我止血，又找冰給我敷撞瘀的地方。和平抱著協平說：「不用怕，很快就會好的！」昇平卻說：「很多血呀！」和平小聲說：「爸爸，快點回來吧……」我看到孩子們為我擔心的表情，雖然痛得要命，卻忍不住笑了。我叫他們過來，四個人擁在一起，我親他們的小臉蛋，多謝他們照顧我和弟弟。

我為他們唱歌、講故事，不知不覺，四個人都睡著了。

金子力回來，看到沾滿血漬的毛巾和睡在一起的四個人，每一個人都在微笑。

協平帶給我們很多歡樂，教會哥哥們責任感，令我們夫婦更覺年輕。「要努力呀！協平二十歲時，我已六十三歲了！」金子力認真的說。有哥哥們和爸爸的協助，協平是一個快樂ＢＢ。

一九九七年七月一日，香港正式回歸中國。我們一家人回港參加回歸慶典，我被選中在典禮上演唱。歌曲是八十年代我在香港非常流行的代表作之一——《香港、香港》。

「香港我心中的故鄉，這裏讓我生長，有我喜歡的親友共陽光……」

當時，NHK正在為我拍攝香港回歸的特輯。回歸當晚除了要拍自己的特輯之外，更在典禮上演唱，又要為朝日電視主持兩個小時的直播新聞節目，更要參加NHK直播新聞論壇。一人身兼四職，當天晚上的時間非常緊張。

我首先到典禮演唱，然後立即到維多利亞港為專輯拍攝煙花，再急急趕到銅鑼灣的現場直播，最後到錄影室參加直播的座談會。

全部活動做完時，已是翌日早上七時多。那天早上下著大雨，我坐在送我回家的車裏，聽著雨聲，不禁感動的流下淚來。我親身感受到，我成為了歷史性瞬間的目擊者。

香港正式成為中國的特別行政區，實施前所未有的「一國兩制」。相信在人類的歷史上，這一天會流傳萬世。

我深信這是一個美好的開始，但我也有憂慮，怕有人會趁機破壞香港的未來。

在歷史上，香港要擔任一個怎樣的角色呢？

世界上有很多國家，因為政治主義不同而對立、戰爭，香港的「一國兩制」能成為一個和平共處的模範嗎？

作為一個旅日香港人，我的責任又是什麼呢？

出生在香港的協平，他的未來會是怎麼樣的呢？

香港能永遠是尋夢鄉嗎？

在我腦海裏，《香港、香港》的旋律不停迴響，外面的雨越下越大。

我在車窗的水氣上寫：

「拜拜殖民地！你好一國兩制！」

28

The issue of
child prostitution and
child pornography

兒童被迫賣淫和兒童色情內容問題

為了自己的慾望而摧殘小朋友的人生，
那種人，不能原諒。

—

1998 年，被任命為聯合國兒童基金會日本大使。

當上聯合國兒童基金會的大使後才知道，原來我對世界上兒童的狀況只是一知半解。我每天都在學習和研究兒童受苦的原因和解決方法，要關注大局，也不能忽略小節。我好像穿上了新的鞋子，走向一條新道路。而這條路帶給我的感慨，千言萬語也說不清。

我被任命的那一天晚上，被邀請到瑞典大使館參加一個集會。去到會場，發覺那是有關「兒童賣淫和兒童色情內容」的問題，但我卻對這問題毫無認識。會上特別請來一位從菲律賓來的少女，她是一位受害者，從小被迫賣淫。聽到她的故事，我滿腔熱淚，情緒激動。會後，我擁抱了她、安慰了她。

兒童基金會的同事對我說：「您要幫助社會了解這問題，爭取設立法律，禁止大人向未成年者買淫，或買賣兒童色情內容。」

這就是我當大使的第一個任務。

要向社會解釋，首先我需要了解這問題。

一九九八年六月，我去泰國視察強迫少女賣淫的情況。那時在泰國，有些家庭為了生活、還債或醫病等原因，會把女兒（一部份男孩）賣掉。有些女孩被賣到賣淫組織，每天都要接很多客人。大部份女孩都染上性病，一部份更染上了愛滋病。

「病發之後，他們會把女孩拋棄在遠山裏。」當地的義工團體告訴我。

我難以置信，他們說：「帶您去看看。」

他們帶我到偏僻的山區，探望聯合國兒童基金會支持的義工團體。山中的收容所收留了百多名被拋棄在山中的女孩和男孩。其中有些女孩已懷了孕，十來歲就成了媽媽，她們和她們的孩子有些也患上了愛滋病。

這樣的慘事，原來真的是事實！

我探訪時，剛好兒童們在吃午餐。

他們側著頭看著我們，我向他們打招呼，指一下自己的肚子，做了一個很想吃東西的動作。他們笑了！我更誇張的扮想吃東西的樣子，他們又笑了！

其中一位小朋友站起，叫我坐下，把自己的炒粉分了一半給我。我很感動，大大地拍手，孩子們也興奮得不得了，跑過來包圍著我，看我吃炒粉。

我們不知道那一位孩子有愛滋病，所以本來是不應該同碟進餐的。但見到他們期待的眼神，我也管不了那麼多了。

我問他們：「怎麼吃啊？」

他們說：「加一點醬油和辣椒，特別好吃。」

我故意加了很多醬油、很多辣椒，孩子們驚叫：「NO！」

我大口吃下去，高喊：「很辣呀！」

孩子們笑到彎腰、滾地、拍枱！

有給我拿水的，有親我面頰的，一下子大家變成好朋友，真是一個快樂的下午。

因為當年還未找到醫治愛滋病的方法，義工團體告訴我，他們的壽命不會很長。

我和一名十七歲的女孩談話，她的媽媽因為欠了債，在她十三歲時把她賣給了一個中間人，以為女兒會在城市裏當女傭，誰知那個人是騙子，強迫女孩當妓女。「每天都是地獄，有些時候要接十幾個客人。後來終於有一位善心的客人，幫我逃走。」她告訴我。

她回到村後，發覺染上了愛滋病，村民把她趕走，她唯有在收容所生活。

我找不到安慰她的說話，只能拉著她的手，希望藉此給她一點愛和關懷。

我把我戴著的耳環除下一隻，放在她的掌中，對她說：「你戴一隻，我戴一隻。我們不會忘記大家。」她把耳環戴上，滿面笑容。

紅紅的小臉，就像一個普通的十七歲女孩，但她受過的痛苦，卻是我們不能夠想像的。而且，身體中的病魔會扼殺她的生命。

—

她說，「每天都是地獄……」

為了自己的慾望而摧殘小朋友的人生，那種人，不能原諒。

世界上，每年有一百萬多的十八歲以下的孩子們被買賣。回到日本後，我和其他反對兒童色情的倡導者推行立法，禁止買賣兒童娼妓和兒童色情照片等物品。

一九九九年，《兒童買春及兒童色情內容禁止法》立法了。但法律並不完整，因為有關兒童色情內容的物品雖然不可製造、販賣或派出，卻沒有禁止擁有或購買。供求是一體的，有人買的話，就一定會有人繼續製造和販賣，受害兒童也不會減少。

我們唯有繼續活動，提倡修訂。

我去過柬埔寨、菲律賓和摩爾多瓦等國家，探望受害兒童和視察當地色情活動的真相，回到日本發表言論，到各地演講，呼籲大眾了解實情，收集了一百五十萬個簽名。

要保護兒童，是非常複雜和艱苦的事。

但有人反對我們的意見，說禁止擁有兒童色情物品，會影響「言論自由」，和有擴大警察權力的危險。

我在網上受到人身攻擊，而且越來越激烈。有人說我是虛偽的慈善家，挪用聯合國兒童基金會的善款來興建自己的屋子，但其實我的屋子在上任大使之前已經建好了；更有傳言，說我是中國的間諜等等。

其他倡導者也身受其害，慢慢很多做義工的人士也放棄活動。但我沒有放棄。因為我見過很多受害的兒童，和她們比較起來，我受到的打擊實在微不足道。所以雖然心裏難過，但我仍然堅持到底。

有志者事竟成，法例終於在二零一四年通過修改，二零一五年七月開始實施。我們非常高興，覺得終於能為受害的小朋友作一點貢獻。

當年九月，在我的 twitter 信箱裏，來了一段恐嚇的文字。

「若你不承認兒童色情內容，我就在九月二十六號到你家，用刀斬死你。勸你快些承認吧！」

我們十分擔心，因為我家前面是託兒所，如果真的有人來襲擊的話，可能會傷害到兒童。

商量之後決定報警，警察要求 twitter 公開發信人的身份。平時用戶資料是絕對保密的，但因為這一篇恐嚇寫明了殺害對象、日期、地方和殺害方法，內容非常具體，事態嚴重，所以 twitter 決定和警方合作。

想不到，恐嚇者原來是一名十五歲的少年！

我非常失望、心碎，哭了一整晚。這麼年輕的人也喜歡看兒童色情內容，可知道社會是多麼的危險。我們要保護的兒童裏面，原來也有加害者。我們的運動成功了嗎？還是失敗了呢？

警察告訴我，那個少年很後悔，希望我能原諒他。

我決定不追究，只要求他保證永遠不看兒童色情內容。

但事情告一段落之後，心中的陰影還是無法消除。

當了聯合國兒童基金會的大使之後，我發覺要保護兒童，原來是非常複雜和艱苦的事。首先要了解兒童的問題，再向社會解釋情況，有時更要推行立法，保護兒童權利。

對一個專業歌手和三個兒子的媽媽來說，負擔很重，而且很多時候自己也會受傷害。但為了保護兒童，多艱辛也是值得的。

我每年都會去探望世界各地最窮困的兒童，每一個國家的兒童問題都不一樣，他們的故事，一輩子也說不完。然而他們的笑聲、他們的哭聲，卻永遠留在我心中。我覺得他們已佔據了我的心，提醒我還有很多兒童的故事在等著我去發現哩！

29

The biggest victim
of war is
always children

戰爭的最大犧牲者永遠是兒童

沒有和平，
不能得到真真正正的快樂。

—

我希望世界上的受苦兒童能有機會生存、求學，得到快樂時光。

我曾經到過很多戰時或戰後的國家和地區探訪兒童。例如埃塞俄比亞、柬埔寨、越南、伊拉克、南蘇丹、東帝汶、達爾富爾、索馬里、中非共和國、土耳其、約旦、黎巴嫩等等。

戰爭帶給小朋友的苦楚是數不盡的。戰爭時，當然會有很多人死傷；但即使是戰爭結束後，大人的死亡率會降低，但小朋友的死亡率，卻依然會停留在高水平。因為一個國家，要回復到有能力重新培養孩子，是需要時間的，所以戰後兒童還會繼續死亡。每次打仗，犧牲最大的，永遠是最弱小的孩子們。

二零一七年，我為了探訪敘利亞的難民，到過約旦、黎巴嫩和土耳其。六百萬的難民，為了逃避戰火，變得無家可歸。

他們之間發生了很多問題，其中包括兒童勞動和兒童婚姻。

難民在其他國家工作是違法的，但不工作怎麼生活呢？大人做黑工被拘捕，會被強制送回敘利亞。但十五歲以下的兒童，就算犯法也不會被拘捕或入獄，也不會被遣返。所以難民家庭的男孩，大部份都會為了家庭，放棄學業去做工。

我在土耳其與敘利亞邊境的城市裏，碰到了兩個媽媽。她們是姊妹，從敘利亞的激戰區逃難出來的。

「我的丈夫被拘捕，在獄中死掉了，我唯有跟著我妹妹的家庭生活。但有一天，當我們回家時，妹夫在屋子門前踩了地雷，被炸成兩邊，當場死亡。孩子們都看到了！我們簡直是嚇死了，所以才決定把全部財產交給蛇頭，一家八口走難到這裏。」

她們跨越國境時，大姐在山上絆倒，雙腳受了傷。到土耳其後，沒辦法謀生，唯有讓十歲和七歲的男孩出去做工。為了支持家庭，他們每天在地氈廠，從七點到晚上八點不停工作。

「孩子們每天回來都問我，為什麼把他們帶到了土耳其？為什麼這麼辛苦？他們好委屈、好可憐……」一說起孩子，媽媽就哭成淚人。

當地的義工告訴我，至少有一半的男孩都要出去做工。

另一方面，女孩子則為了家，很早就要嫁人。

把女兒嫁出去，一方面可以少一個人吃飯，更可以拿到男家送來的禮金。在回教社會裏，一個男人可以娶四個妻子。年老的男士，也可以娶一個十多歲的女孩，有一些女孩的丈夫比自己的爸爸還要年長。嫁到男家，最年輕的妻子要包辦所有家務，所以很多女孩，不但要和一個完全沒有感情的人結婚，而且還會在男家受到虐待。

「但她們不能離婚，因為離婚的時候要還禮金。」聯合國兒童基金會的工作人員告訴我。

很多小朋友，因為要做工或結婚，沒有機會繼續讀書。

沒有教育就沒有未來。所以我們最擔心的，就是戰爭令到這一代的敘利亞兒童和年輕人，失去了接受教育的機會。

就算有朝一日，敘利亞得到和平，也沒有年輕人去重建國家。

戰爭不但奪走了兒童的現在，更會間接摧毀兒童的未來。

不過，能夠逃出戰火的人已經是幸運的。

記得在一九九九年，我首次探訪南蘇丹，碰到一位十二歲的士兵。他六歲的時候，政府軍在他面前殺死了他的父親。為了生活，他八歲參加了反政府軍，拿槍上戰場，直至十一歲中槍，半身不遂。

十二歲的他還是一個小孩，但他的將來，已沒有保障。

「他已算是幸運的，因為他還在自己的部族裏。被別的部族捉到的兒童兵，會被迫走向地雷區，慘無人道。」

像他一樣的兒童兵士，世界上大約有二十萬人。

二零一五年，我再次到南蘇丹，希望可以勸服反政府軍，釋放兒童兵士。其中一個勢力名為「眼鏡蛇軍」，軍力有一萬二千人，四分之一是十八歲以下的兒童兵。

聯合國兒童基金會曾經成功勸服「眼鏡蛇軍」的首領，釋放了六百多名兒童

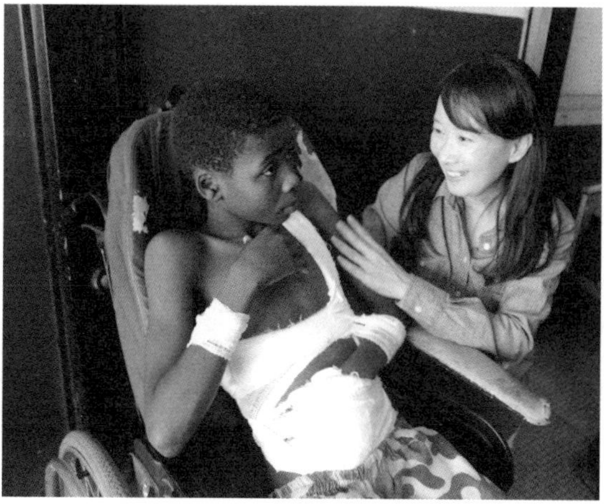

—

為了救援兒童，和平是不可缺的。

—

Darfur 的兒童士兵最年幼的只有六歲。

兵士。我們坐了一個多小時的直升機，然後兩個小時的車，才到達基金會興建的兒童院。

被釋放的兒童兵，最年少的六歲，最年長的也只有十八歲。他們坐在大樹下一起唱歌，一起學習。老師們叫他們去玩耍，其中一位八歲的兒童說：「真的可以去玩耍嗎？太好了！太好了！」

我看到他們天真無邪的樣子，很大感觸。

我提出，要求會見「眼鏡蛇軍」的領袖，希望可以勸服他釋放其餘二千多名兒童兵。

領袖答應與我會面，我們坐了一小時的車程，到達他們的基地。他在一間黑暗的房間裏等我們，很多持槍軍人保護著他。他身高九呎，巨大的身體把唯一的窗口的光也遮著了，眼睛在黑漆中閃亮。房內充滿警戒氣氛。

我很緊張，但仍鼓起勇氣對他說：

「你不應該用兒童兵。」

他說：「對啊！兒童應該受家庭保護，在學校裏讀書。」

我再問他：「那麼為什麼你還擁有二千多名兒童兵？」

他說：「不是我招兵的！是因為他們沒有了父母，所以我才保護他們。」

我對他說：「你釋放他們吧！我們會幫你照顧他們。」

兵士們開始不滿意我說的話，國際兒童基金會的人跟我說：「我們快走吧！氣氛不好了！」

我無可奈何，只好離去。

走之前，我和領袖握手。我看著他，用眼神向他作無言的要求。我們互相對望，他先眨眼。

離開基地時，我感到失望，認為自己失敗了。

但回到日本三個月之後，突然傳來好消息，「眼鏡蛇軍」把所有的兒童兵士釋放了！我們高興得流下眼淚，默默祈禱，多謝上天。

—

我渴望和平，我痛恨戰爭。

但我們心裏面知道，這次的成果只是冰山一角，還有無數的兒童正活在炮火之中，也有無數的兒童因為戰爭而餓死，或流落異鄉，等著我們的救援。

當中，有講不完的殘忍故事、數不盡的人間慘劇。

記得在二零零二年，我到伊拉克探望戰爭中的兒童，有一天來到醫院。受傷兒童被運來，但由於沒有麻醉藥，非要做手術不可的時候，大家唯有合力按著他們，讓醫生開刀。兒童的尖叫聲和媽媽的哭聲，我一輩子也難忘。

當晚回到旅館，我打開窗，一邊聽著槍聲，一邊看著滿天星斗，只感到心寒。天上的星星，就好像是千千萬萬離開了人間的小生命。為什麼人類要互相殘殺？為什麼不能和平相處？腦袋裏面的疑問令我失眠、令我迷惘。

我渴望和平。

因為沒有和平，我們不能保護小生命。沒有和平，我們不能得到真真正正的快樂。

世界和平是一個妄想嗎？

我是一個理想主義者嗎？

找不到答案的我，可以做什麼呢？唯一可以做的，就是繼續去救援兒童。

30

Family traditions

家庭傳統

共度家庭傳統，
共建美好回憶。

—

和孩子們活過的時間是我最幸福的時刻。

我們家裏有一些「家庭傳統」，是孩子們特別喜歡的。

首先，是我為孩子們做的「驚喜的小袋袋」。

因為我是聯合國兒童基金會的大使，每年都會到世界各地探訪兒童，每一次要離開家人十多天或兩個星期，孩子們小的時候，我特別難過。

雖然金子力的媽媽會來幫我照顧他們，而我也會找保母與朋友和他們玩，但為了讓他們不覺得寂寞，每次出門之前，我都會為孩子們做「驚喜的小袋袋」。

我會用一個小紙袋，寫上他們的名字，然後在裏面放一些吃的，例如小餅乾等等；然後會放小禮物，有些時候放一本書，有些時候放一件小玩具。當他們未學懂文字之前，我會畫畫給他們；待他們能認文字之後，就改為寫信。

這些小袋袋，每人每天都有一個，若我去兩個星期，就會做四十二個。我會把這些小袋子交給照顧他們的人，每天早上藏在屋裏某一個角落。孩子們起床後，就各自去尋找自己的小袋袋。

金子力的媽媽說：「每天一起床就全屋去找。看到裏面的食物和玩具，他們都很高興。真是個好主意。」

孩子們告訴我，每一天都很興奮，雖然媽媽不在有一點寂寞，但有了小袋袋，他們可以一起看書、玩遊戲和吃東西，每一天都過得很快，一轉眼媽媽又回來了！

我回來之後，他們會向我報告什麼遊戲好玩、什麼書好看，我也會向他們解釋我看到的世界和各地兒童的情況。

因為有這些小袋袋，他們並沒有阻止我出遠門探望小朋友，反而非常鼓勵我。而且因為有機會解釋義工的內容，他們自小就非常關心社會和世界，現在都各自積極參與義工活動。

另外一個「傳統」是「餃子比賽大會」。我很喜歡做菜，其中一道拿手菜就是餃子，孩子們特別喜歡吃。每年我們都會選擇一個日子，比賽誰能夠吃得最多！

那天我們會一早起來，先做餃子皮，然後包餃子。因為要包很多，所以要用很多時間。我們一邊談笑，一邊包餃子，麵粉飛揚，不單滿手粉白，連孩子們的臉也是粉白的，很趣怪！

晚上爸爸回來後，比賽就正式開始，每個碗會放五隻餃子。

孩子們小學的時候，大人先吃二十隻讓賽，但大多數都是爸爸拿冠軍。但從中學開始，孩子們吃得越來越多，爸爸也贏不過。而我通常都是很快就吃不下，只好在旁邊為他們打氣，或在廚房裏煮餃子。勝利者雖然沒有什麼特別獎勵，但每年的比賽都是十分認真和激烈的。直到現在，孩子們都非常懷念這個比賽。希望孩子們結婚生子之後，我們能夠再次舉行「餃子比賽大會」，好讓我和孫子一較高低！

另外一個孩子們非常喜歡的「傳統」，就是他們的生日會。我們會邀請他們的同學到家裏慶祝，每年我都有些特別的主意。

—

孩子們的生日，是我們家的盛事。每年、每次都會親自為他們做蛋糕。

其中他們最喜歡的就是「謎語尋寶」。我會先請同學們分組，然後給他們第一個謎語。他們答對了，就可以拿到第一個指示，出發去第一個地方。總共有八個地方，每一個地方都會有一個謎語，答對了就可以得到去下一個地方的指示，店鋪也會給他們小禮物，例如蛋糕店會給他們一件小蛋糕，玩具店會給他們一件小玩具，書店會給他們一本小冊子等等。他們要把握時間，看哪一組最快回到家裏。

孩子們在街上走來走去，猜謎語找下一個地方，非常好玩！

我要事先與鄰居和附近的店鋪商量好，得到他們的協助才可以玩這個遊戲，準備工夫很長，孩子們特別感謝我為他們做這麼多的準備工夫。

現在他們告訴我，童年的生日會是最難忘的盛事！他們的同學們也這樣說，還要求我做一個給大人的「謎語尋寶」遊戲呢！

還有一個「傳統」，是爸爸跟他們每年一次的「父子之旅」，媽媽是不能參

—
父子之情，在共處中成長。

加的。每年爸爸都會存起零錢，一半捐給國際兒童基金會，一半留下來和孩子們去旅行。

因為是零錢，所以資金比較少，他們住的地方是最便宜的民宿，吃的也是最便宜的飯。不夠錢坐巴士的話，只好走路；不夠錢吃飯時，就只好餓肚子。聽起來好像很受苦，但是孩子們卻特別喜歡每年的父子之旅，說是一場大冒險。通過共度艱辛的過程，更鞏固了父子關係。

回想起這些日子，心裏面特別溫馨。和孩子們度過的一分一秒，都是我的寶物。現在孩子長大了，不在身邊。在我寂寞的時候，想起這些片刻，就發覺我是一個非常幸運的媽媽！

孩子們是我的無價寶。養育孩子，令我重新認識大自然的美、家庭的愛和生命的尊嚴，衷心感謝他們給我這麼多美麗的回憶。

31

15 years old,
off to boarding school

十五歲的留學生

要勇敢接受孩子不可能
永遠在身邊的事實。

—

送子留學，是一件非常虛心的事。

大兒子和平初中二年級的夏天，我們和他坐下來，討論升學問題。因為他的學校只有初中，所以高中時一定要轉校。

日本也有國際學校開設高中，例如美國學校和一些教會學校，我們決定先去看一看。我們參觀了美國學校，他覺得不錯，但離家太遠；其他的教會學校，他則感到不適合自己。

過了兩天，和平告訴我：「媽媽，我想到美國去留學。」當時他只有十四歲。

「十五歲去留學，不是太早嗎？」

他說：「我在日本找不到喜歡的學校，希望可以到美國看一看。」

我有點困擾，但又覺得他說的也很有道理。

我和丈夫商量好，決定利用暑假去看看美國的高中。

但我對這方面全無認識，唯有問史丹福大學我的恩師的意見。她寄來一份名單，上面有十間高中，「這些高中是最好的學校，你可以去看一看。」

於是，我們一家五口拿著那張名單，到美國參觀學校。首先要和校方約好，又要訂酒店，還要租車、找路等等，對我來說，是非常複雜的旅程。

但這趟尋校之旅，令我們大開眼界。很多寄宿高中都建立在比較偏僻的地方，有些在山裏，有些在郊外，普遍校園廣大，設備良好。

「好幾位美國總統都是從我們學校畢業的。」

「這些出名的企業家也是我們的舊生。」

「每年我們都有很多學生進入超級大學。」

每一間高中都又有傳統，又有實力，令我們眼花撩亂。

最後探訪的是加州的一間小高中，全校學生只有二百多人，校舍不是很輝煌，看起來好像西部電影中的模樣。

但當他們解釋課程的時候，我發覺這學校是與別不同的。

每一位新生都會被派一匹馬，要在一年之內學會騎馬和養馬。每天早上，學生先要打掃馬房，洗乾淨馬的身體，給馬吃飽之後，才可以去洗澡、吃早飯、上課。

而且新生一到校園，放下行李後，首先就要去露營一星期。他們每天要爬山，在山中搭帳幕，沒有廁所，也沒有洗澡的地方。

「這是為了鍛煉他們要有責任，和如何在自然界生存的教育。」

我回頭看看和平，他聽得著迷了，還問了很多問題。當時我已知道，他對這間學校特別有興趣。

回到日本後，和平申請了八間高中。因為我們不知道收生條件，為了安全，決定多報幾間。幸運的是，所有學校都收了他。

我們的難題是：去哪一間呢？上網查資料，發覺我們報的高中，都在美國十大高中之列，而且第一和第二名都收了和平。

我和丈夫商量後，決定由和平選擇他喜歡去的高中。

他想了兩個星期，最後告訴我們，他喜歡去加州的 Thacher School，就是那一間露營和養馬的高中。那學校是排名第七。

我心想，為什麼不去第一名或第二名呢？

但我沒有反對，因為我要尊重孩子的意見。

金子力則非常贊成，「選得好！那間學校會教你如何做一個堅強的人。」

就是這樣，和平決定了他的高中。

十五歲的他，離鄉別井到美國留學。

我告誡他有三件不可以做的事：「No drugs! No booze! No babies!」即不可以濫用藥品、不可以喝酒、不可以製造 BB。和平聽了之後笑起來，但他知道，這是非常重要的規矩。

Thacher School 有點西部片的氛圍。

我送和平去學校的時候，他是滿面笑容、充滿期待的。看到他和新朋友交流的情況，我也安心了。因為我相信他一定會在新環境找到新的自己，成為一個可以自立的年輕人。

我和他遠望學校附近的山脈，加州的陽光非常溫暖，寬闊的藍天與和平的笑容非常合襯。

他說：「媽媽不要擔心，我會照顧自己。」

我突然記起，這句說話，我也曾對我媽媽說過。當我離開香港到日本發展的時候，我也是一個高中生，可能當時媽媽也是和我同樣的心情吧！

我對和平說：「今天是你的新開始！恭喜你！支持你！我愛你！」

年輕人追求新天地是理所當然的。我非常信任和平，但心裏滿是淚水。

我對老師們說：「請多多照顧和平。」

他們和我握手，「絕對沒有問題，請你放心！」

想不到送子留學是那麼心虛的，但為了孩子的成長，當媽媽的也要長大，要勇敢接受孩子不可能永遠在身邊的事實。

太陽下山，家長和孩子們道別，我帶著又驕傲，又寂寞的心情離開學校。

加州的山脈在夕陽中閃耀，是粉紅色的、是紫色的、是金色的。車子每轉一個彎，回頭望，山的顏色都不一樣。就好像孩子們的未來，是我們不能預想的，但從什麼角度去看，都是光亮和美麗的。

32

Singer X mother

歌手×媽媽

選學校不應是基於名望，
應找與自己配合的學府。

昇平和他的愛馬，還有一起唱歌的好友。

自當了媽媽之後，我對世界各地的童謠和搖籃曲特別感興趣。前面也提過，我曾製作了一套CD，名為《世界童謠和搖籃曲全集》。在音樂會裏，我除了唱自己的歌曲外，也會唱一些宣揚和平的歌曲和童謠。

二零零零年，唱片公司突然跟我說：「我們希望聽到你的聲音唱出大人的情歌。」

我笑著說：「我已經是幾個孩子的媽媽了，唱什麼也沒有說服力吧！」

他們不同意，「一個歌手站在台上的時候，不應該想起家庭，應該忘記自己，投入曲中女主角的感情去演唱。歌手就如樂器，你的歌聲非常適合唱情歌。」

我有點慚愧，因為我發覺自己忘記了歌手的精神。我接受了他們的建議，「好吧，我試試看。」

他們為我找來的歌曲叫做《我的身要粉碎了》，是一首非常浪漫的戀曲。初時我覺得歌曲的內容太過熱情了，但唱起來又覺得的確是一首非常漂亮的好歌。

我很用心的去唱，忘記私事，投入歌中世界。結果，這首歌得到廣大的歡迎，竟然賣了二十萬張，成為社會上很大的話題。從此，我每年都錄新歌，而且得到更多的粉絲。

陳美齡的唱歌生涯，找到了新的原動力。

我一方面忙事業，一方面帶孩子。他們的成長，給我很大的滿足感。

每一個孩子都有不同的性格和興趣，老二昇平特別喜愛音樂。他在初中的某一天，到我的房間說：

「媽媽你教我彈結他吧！」

我很高興，立刻教了他幾個 chords。

他回到自己的房間，拿起我的舊結他練習。

不久我聽到他的歌聲，原來他已經在作曲！

他的第一首作品叫做 *Someday*。在學校的表演會上，他演唱了這首歌曲，得到同學們熱烈的喝采，後來在畢業禮上，全班同學一起合唱他的作品。

昇平長得特別帥，小學時已經有人找他去演舞台劇，曾經主演過一齣大型舞台劇《銀河鐵路》。初中時他有很多粉絲，女孩子特別喜歡他，但他也有很多男孩子的朋友。

初中二年級時，昇平表示他也希望到美國留學。為了公平，我們帶他去看美國的高中，讓他自己去選擇。

當年，除了昇平要考高中之外，和平也要考大學。我們計劃在那個夏天，一家人再去美國，一起探訪學校。

有幾間高中即時面試了昇平，好幾位老師非常賞識他，還未報名已經表示希望他入學。昇平就是這樣一個非常吸引人的孩子。

結果昇平報考了七間高中，很幸運的都給他考上了，而他毫無疑問的選擇了騎馬露營的 Thacher School。

昇平說：「這間學校可以教我在東京學不到的東西，我希望能夠多了解大自然。」

說得好！我也同意！

和平也非常高興，覺得弟弟選擇跟著他的步伐。

一方面，和平也去看大學。他不喜歡哈佛，也不喜歡東部的大學，說它們「有點死板，而且冬天太冷」。他唯一喜歡的學校就是史丹福，可能因為他小時候在史丹福度過了差不多兩年半的時光，所以特別有感情。

和平說：「史丹福是矽谷的發祥地。在這裏我可以看到未來！」

說得好！媽媽同意！

美國的大學有一個制度叫「early application」，提早報名。秋天報名，年底發表，但只可以報名一間大學。和平毫不猶豫，決定報考史丹福大學。高中的老師說：「不要太樂觀，因為根本沒有多少學生能考得上史丹福。」

但我鼓勵他，因為我相信他能做得到。

和平的成績是不錯的，但最重要的是他的論文。美國的大學喜歡錄取多樣化的學生，並不是成績好就一定能夠入學。

他的小論文是寫自己半個中國人和半個日本人的尷尬身份。他表示，什麼國籍是不重要的，最重要的是如何為這個地球貢獻，不可歧視他人，要尊重生命。

孩子第一次考大學，我們不知道會有什麼結果。

和平告訴我，合格的學生會收到大信封，不合格的則收到小信封，這是他的前輩告訴他的。發表結果的那一天，我等著他的電話。加州的早上是日本的深夜。

半夜，電話響了。

是和平打來的。我拿著電話，口乾心跳，呼吸也停止了。

和平說：「媽媽，我的信封是大的！」

我一聽，簡直開心到差不多要升天了！

「Yes! Yes! Yes! 我知道你一定能做得到！」

我大叫，全家人都被我吵醒了。

和平考上了史丹福，不單只是我們高興，他的學校也十分驕傲。

但他本人卻說：「不知道為什麼會收我呢？其他同學沒考到，很失望……」

他真善良，會為其他同學痛心。

他可能不知道，但我知道為什麼史丹福收了他。因為和平是一個好學生，也是一個好人。他會成為日本和中國的橋樑。他是史丹福要尋找的學生。

選學校不應是基於名望，應是看看學校和自己是否配合。我覺得兩個兒子，都找到了適合自己的學校。

二零零五年九月，和平成為史丹福的大學生，昇平則成為 Thacher 的高中生，家裏只剩下協平，還是小學生。歌手媽媽的道路，還有很長。

33

The meaning
of smiles

微笑的意義

自己擁有的東西，不是理所當然的。
每一件自己可以做到的事，
都是一個恩賜。

—

可以微笑，是一種恩賜。

二零零六年夏天，我發覺右耳後面好像腫了一點。

因為我平常很少看醫生，不知道如何是好，就向三個兒子的兒科醫生求診。醫生觸診後說：「可能是淋巴腺腫起了，最近有沒有發炎？」我說：「沒有啊！」

她說：「應該過兩天就會散，不要擔心。」

過了兩三天，因為還沒有散，我再去找她。

她再摸一下說：「相信一個星期後會散。」

醫生說不用擔心，所以我就忘記了這件事。

當年九月，我有機會回香港探媽媽，帶了協平和我一起去。我的二姐是醫生，當晚請我們吃飯。

上車後，我突然記起右耳後面的問題，於是問姐姐：「我的右耳後面有一點腫，醫生說是淋巴發了。但現在還沒有好，你看一下？」

姐姐伸手摸了一下，面色突然變了，「把臉轉過來！」

我於是照做，姐姐用兩隻手又摸了我左右兩耳的後面，然後說：「等一下。」

她打電話給我姐夫，他也是醫生。兩人討論了一會之後，姐姐說：「我們現在去檢查一下好嗎？」

我不明白，也不想去接受檢查。我說：「不要現在去呀！我們去吃飯吧！」

姐姐拿我沒辦法：「那你明天一早去檢查，然後到我醫務所。」

第二天早上，我去照了超聲波，然後拿著檢查結果的照片，到姐姐的醫務所。

姐姐看了照片之後對我說：「你的耳朵後面有一個瘤，已經有高爾夫球一般大。」

我聽了之後，望著姐姐，不知道如何反應。如果有瘤的話，可能是癌症嗎？

姐姐說：「要做手術。你早點回來香港，在香港做吧！」

我問她：「是惡性嗎？」

姐姐說：「要拿細胞出來檢查才能知道。但瘤已經這麼大，一定要做手術的，所以不用檢查了。你快點找時間回來做手術吧！」

我抱著非常沉重的心情回到日本。我的病名字叫做「唾液腺腫瘍」。我看了很多民間醫學書，知道如果是惡性的話，我會失去半邊臉。

秋天是非常忙碌的時期，又要演講，又要演唱，又要做電視節目，所以我要等到過了聖誕節，在二零零六年十二月二十六日，才一家五口一同回港。我當晚入院，翌日做手術。

三個半小時的手術之後，我在手術台上醒來。

護士和醫生一起跟我說：「是良性的！是良性的！恭喜你！恭喜你！」

我的瘤是良性的！真幸運！真感恩！

家人也很高興，金子力帶孩子回到酒店休息。

那天晚上，護士問我：「你要不要吃止痛丸？麻醉藥散了之後可能會痛。」

我說：「好啊！」

護士拿水給我，我拿著杯子喝水，水卻流到我的睡袍上。護士嚇了一跳，「請等一等，我去拿飲管。」

我啜著飲管，但完全沒有力氣把水吸上來！護士急急說：「請等等，我去拿匙羹來。」

最後，護士用匙羹餵我吞了止痛藥。她望著我的臉，差不多要哭了。

我不知道發生了什麼事，但我沒有勇氣照鏡子。

第二天早上，我刷牙的時候，又喝不到水。

我摸一摸自己的臉，發覺右半邊麻痹了。手能感覺到臉，但臉不能感覺到手。

我張口結舌，從鏡子裏望著我的人不是我，而是一個臉孔變形、歪曲，很難看的陌生人。

我差點尖叫起來。怎麼辦？我的臉歪了！

孩子們見了我的臉會如何反應呢？會害怕嗎？會討厭我嗎？

金子力能忍受我這張臉孔嗎？

我還能夠繼續唱歌嗎？上電視嗎？演講嗎？

我無法自制，大聲哭起來了。

剛好姐姐來到病房，跑進廁所問我：「發生了什麼事？發生了什麼事？」

我低著頭，不敢面對她，「我的臉歪了……」

姐姐催促我，「給我看看！」

我抬頭望著她。

她說：「動一動你的臉。」

我張口說話給她看。姐姐看著我的臉，呆了。

她拉我回到病房，讓我坐下，然後對我說：

「每一個人的臉都是不平衡的。你的右邊臉因為麻痹，所以歪了，但你的瘤是良性的。上天救了你一命，還不夠嗎？快些感謝天主！」

每逢有壞事發生時，家人都會叫我感謝天主。因為無論有多壞的事發生，比起其他人，我還是幸運的。

金子力和孩子們看到我的臉，不敢置評。但我知道，他們盡量避免望著我說話。我很傷心。

為我動手術的醫生說：「可能是神經被剪斷了，也可能是神經被移動過之後，產生了麻痹。有時一個月之後會康復，有時一生也不會好。但多做一些臉部運動和按摩，會有幫助的。」

吃東西時，因為右邊臉沒有感覺，我會咬傷自己的口腔內側。最初孩子們問：「媽媽為什麼你滿口是血？」我才知道自己一邊吃一邊流血。

我改用左邊咀嚼，但不知道為什麼，不到五分鐘一定會頭痛，而且食物會從口裏流出來，吃飯變成一個痛苦的過程。

我原本是最喜歡微笑的人，因為我覺得微笑可以帶來歡樂。不但是看到的人，連自己也會快樂。

但當時我一笑，樣子就會非常難看，那天開始，我不敢再微笑了。

因為麻痺，說話口齒不清，更會噴口水。

我失落、憂鬱、找不到出路。

二零零七年是我在日本出道三十五周年。

當年日本正在討論修改憲法，廢除第九條的和平條文，惹來很多和平愛好者的反對。我也是一個和平愛好者，所以決定製作一張宣揚和平的唱片。

我找了很多知名人士為我寫歌詞，然後自己作曲，唱片面世後，在日本各地舉行和平音樂會。

三月十七日是新歌發表的日子，但我的臉還沒有康復。

那一天早上，我起床刷牙，心裏在想：「真對不起工作人員……」

大家努力為我做了很多準備，但我的臉歪了，根本不可能做宣傳。如果一直不康復的話，更可能要考慮退出藝能界。

我看著鏡子，一邊刷牙，一邊愁思，突然發覺牙膏沒有再從口中流出來了！

我摸一摸自己的臉，雖然還是沒有感覺，但張口說話卻沒有歪了！

我嘗試笑一笑，也沒有歪，是一個真真正正的美齡微笑！

嘩！嘩！嘩！我再三觀察，作出各種表情，真的都沒有歪！

我簡直開心到要發狂了，坐在洗手間的地上，哭成淚人。

在一首以和平為主題的新歌發表的那一天，我的臉康復了。

這包含了什麼意思呢？

當時我確信，這是上天給我的啟示：你要盡力推行和平活動！

所以我和公司商量後，把和平音樂會的次數增至一百七十場。

—
盡力為和平演唱，用歌聲傳出真義。

很多時，我們都覺得自己擁有的東西是理所當然的，但其實不是。
好像微笑，病魔可以輕易把它搶走。
所以我們要珍惜每一件自己可做到的事，正如英文說的「Count your blessings」，要數一數你擁有的恩賜。
現在我的微笑，是特別有意義的。因為我曾經失去過一次。
可以微笑的時候，應該多一點微笑。所以我每天都微笑。
我知道，可以微笑是非常幸福的。

34

Challenge breast cancer on
the stage of
the Great Hall of the People

在人民大會堂的舞台上向乳癌挑戰

看病的人比生病的人更難受。

—

在人民大會堂開個人演唱會，唱出《原野牧歌》，是一生的榮耀。

臉部的麻痹尚未完全復原，局部仍然沒有感覺，但外表上已看不出來了，所以我們非常努力地宣傳以和平為主題的新歌。

第一首《幸福已經在身邊》十分受歡迎，第二首《和平世界》也同樣得到很多人的注目，和平演唱會場場滿座，觀眾非常熱情地擁護我。

我們覺得應該把和平演唱會帶到中國。但因為我很久沒有回國演唱，不知道會否成功。我們首先接觸文化部，跟他們解釋，希望做一場和平演唱會。

因為二零零七年是中日邦交正常化的三十五周年，中方表示歡迎。

我問：「在哪裏舉行好呢？」

他們說：「可以在人民大會堂舉行。」

我和金子力互相對望，簡直不敢相信，以為是聽錯了。

我問清楚：「是那個召開人大會議的人民大會堂嗎？」

他們見到我的表情，笑起來了，「是啊！可以坐一萬人。」

人民大會堂的萬人禮堂，平常是不容許辦流行曲演唱會的，所以我再追問：

—

滿座的萬人禮堂，觀眾的歡聲鼓掌，太感動，太感謝了。

「我是唱流行曲的，沒有問題嗎？」

他們說：「對的，但陳美齡的和平演唱會，我們很歡迎。」

我們喜出望外，又創出了一個新歷史。和中方握手乾杯，預祝合作成功。

回到日本，我還是有一點不敢相信，我真的會在人民大會堂做個人演唱會！

我們開始積極準備，演唱會將會在九月三十日舉行。

八月底，中方突然來了電話，「人民大會堂要做改修，演唱會要延期。」

我慌張了，延期會帶來很大的損失，因為我們已經買了機票、訂了酒店、約好樂隊，有很多粉絲和朋友也已經請了假期去捧場。

最後決定改為十月三十一日，我心想：「真是倒楣……」

但當時我不知道，這對我來說其實是一個幸運！

九月份，因為不需要練歌，我得到幾天假期。

有一天，我坐在沙發上看電視，突然覺得右胸有一點痕癢。我摸了一下，發覺好像有一粒很小的硬物在裏面。我一愕，再小心的摸了一下，這次卻找不到。我繼續看電視，過了幾分鐘後，又覺得有點痕癢。我再摸一摸，真的好像有一粒小豆子在裏面。

換著以前，我不會理會，但有上次手術的前車之鑑，所以我決定找醫生診治。在日本，除了兒科醫生之外，我想起還有一個熟悉的醫生，就是婦科醫生。我打電話跟她說：「我有一件事想和你商量，今天可以嗎？」

她說：「你不是有第四個BB吧？」

我說：「不是不是，是其他事。」

醫生答應在下午見我，並用超聲波為我檢查。

「真的好像有一個小瘤，但在這裏看不清楚。我寫介紹信給你，去綜合醫院檢查吧！」

過了幾天，我拿著介紹信，到綜合醫院接受了乳房X光檢查。主治醫生看著結果對我說：

「在你右邊胸部裏面有一個小瘤。」

他抬頭說：「可能是乳癌。」

我眼前一黑，好像心口被人打了一拳。張著嘴，卻說不出話來。

醫生說：「我會抽一些細胞出來檢查一下，希望是良性。十日之後應該有結果，我會打電話給你，你不用打電話給我，請等我的聯絡。」

我很擔心，但又懷有一絲希望，因為上次的瘤是良性的，可能這次也是吧。

過了十日，醫生沒有打電話給我們。

晚上十點多，金子力說：「我打電話給他。」

我說：「醫生不會在的。算了吧！」

但金子力不聽我說，打電話到醫院，醫生果然還沒有回家。

我望著金子力講電話，他的面色越來越蒼白，聲音越來越小。

他掛上電話後，我問他：「結果怎樣？」
他搖頭說：「你有乳癌。快些換衣服，醫生在等我們。」

當時我腦海裏只有兩件事。
第一是協平。他只是小學生，不能沒有了媽媽，我不可以把他留下就死掉。
第二是我的媽媽。我不可以比媽媽先走，讓她傷心。
我呆立原地，心神慌亂。
金子力催促我說：「快些去換衣服，醫生在醫院等我們啊！」
換了衣服上車，我感到很不甘心，哭了。
我對自己和家人的健康都十分注重，煮的菜都是基於食療方式。而且我沒有暴飲暴食，不煙不酒，家裏也沒有人有乳癌，為什麼我會有呢？
我越想越氣，眼淚停不下來。
金子力一邊開車，一邊對我說：

「有什麼好哭呢？人的壽命是注定的。若果上天要收你回去，你就得回去。上天不要你死的話，你想死也死不了。」

這番話，聽起來好像有一點冷漠，但我覺得他說得很對。

到醫院後，醫生正式宣佈，我患了乳腺癌。「但你的瘤很小，可以說是第一期。我希望早點做手術，如果癌細胞擴散到淋巴的話，會很容易蔓延到全身。」

我唯一的空檔，就是原定舉行演唱會的九月三十日前後。醫生建議十月一日做手術，我們也贊成。那時離做手術只有十天。

和平從美國回來，幫爸爸照顧協平。大家都非常擔心，我也很緊張。

姐姐也從香港過來，看我做手術。她說我應該把胸部全部切除，醫生卻說因為是第一期，所以可以保存一部份。我決定，若是癌細胞沒有到達淋巴的話，就希望把一部份胸部留下。所以進手術室之前，我不知道我的胸部會否被割除。

三個多小時的手術完成後，我在手術台上醒來。

護士告訴我：「手術成功了！沒有去到淋巴！」

姐姐也告訴我：「你的胸部留下了！」

原本醫生說我六號就可以出院，但因為手術後情況不大好，所以延期至九號。我們把六、七、八號的工作取消，但九號我就開始工作，翌日還開了演唱會。其實我的身體尚未完全復原，舉手投足都有困難，但我沒有告訴大家。因為沒有想到會得大病，日期排得滿滿的，實在不能休息。

當時我的精神力量真是難以想像。胸部當然會痛，手也提不高，晚上也睡不著。但我仍然回到工作崗位，面不改容的繼續工作。

十月底，我們出發前往北京。

當天下著大雨，我們和當地與我一起演出的小朋友練歌，工作人員忙著準備場地。

十月三十一日，北京雨過天晴，藍天白雲，空氣清新。到達人民大會堂，進入萬人禮堂時，我真的很感動。禮堂莊嚴輝煌，氣派非凡。到處看都會感受到場地的重要性。

唱了三十多年歌，能夠有機會在這個充滿歷史意義的場地演出，多年的努力終得獎勵，我覺得非常榮幸。

日本有很多媒體都來採訪，中國的報紙也有報導。當天晚上，滿場觀眾為我鼓掌喝采。他們不但記得我，還和我合唱我的歌曲，高叫我的名字。一曲又一曲的唱盡心裏情懷，每一個音符都充滿了生命的動力。真是感動、感激、感恩！

我相信，我的和平訊息傳到了觀眾的心。

當天，我可以說是「拚著生命去演唱」，那場演唱會，是向自己證明我還活著的演唱會。就算我筋疲力盡，死在台上，也是值得的。

—

我不會向乳癌投降，看，我在偉大的舞台上
高歌！

在北京人民大會堂台上演唱的我，是熱愛生命的我，是充滿著感恩之心的我。

唱完最後一首歌，台上台下都不停地為我鼓掌。我的心臟隨著掌聲鼓動。回到化妝室時，和平跑過來擁抱我，告訴我演唱會非常成功，然後眼紅紅的跟我說：

「媽媽，這一年真的很長！辛苦你了！」

自從金子力在車裏叫我不要哭以來，我一直沒有流淚，但聽了孩子這句話，我的淚水忍不住湧出來了。

我告訴他：「辛苦了你們才是！看病的人比生病的人更難受。多謝你們幫助媽媽！」

協平在旁邊也哭了，三個人擁在一起，感謝寶貴的生命。

在北京人民大會堂萬人禮堂舉行「陳美齡和平演唱會」，是我對病魔的挑戰。

乳癌，我是不會向你投降的！

你看！我還是很精神！
你看！我還是唱得很好！
你看！我還在這麼偉大的舞台上歌舞！
我不怕你！
你千萬不要回來！

35

Happy birthday
to me!

祝自己生辰快樂

每一天都是我的生日，
每一天都值得慶祝。

手術是癌症治療的開始，其他治療的副作用，難以盡述。

二零零七年是昇平考大學的年份。

當醫生宣佈我患了乳癌之後，我傳了短訊給在美國的和平和昇平，他們兩個都說要回來看我做手術。和平是大學生，請假比較容易，所以我讓他回來看我；但昇平剛好要準備考中期試，那場考試的分數，是他考大學時的關鍵之一。所以我對他說：「媽媽沒事。你專心讀書，快要考大學了。」

手術之後兩個星期，昇平的老師打電話給我：「家裏發生了什麼事？昇平情緒不穩定。他考試交了白卷！」

當時我才知道，昇平聽到媽媽患了癌症，受了很大的打擊。加上我不准他回來看我，更令他的憂慮達到不能控制的程度。那麼勤力的昇平竟然會交白卷，嚴重性可想而知。

我趕快打電話給昇平，向他道歉，保證媽媽沒有事。然後再打電話給老師，說明昇平失常的原因是我患了乳癌要動手術，求他給機會昇平補考。當然，學校沒有准許。

我感到很後悔，認真反省。

我做的決定是錯的。我應該多關注孩子們的感情，而不是他們考試的成績。我一心以為這樣是對昇平好，其實是令他受苦了，對學業也是一個反效果，有可能考不上史丹福大學。

還未知道有乳癌之前，我們和昇平探訪過多間美國大學。昇平決定先考史丹福，考不上才考慮其他選擇。為此，他需要在十一月一日提交入學申請表和論文，剛好就是我在北京人民大會堂舉行音樂會的第二天。

十月三十日，我一方面緊張自己的音樂會；另一方面也關注昇平的入學申請。我打電話問他論文寄出了沒有，他說：「還沒有寄出，我在作最後修改。」

我問他：「趕得及嗎？快點做！快點寄出吧！」

他說：「媽媽你不要這麼緊張，現在是用電腦傳的。我還有二十四小時啊！」

可是我心急得很，不禁再一次給昇平壓力，「一定要及時寄出，否則會後悔一輩子啊！」

那天晚上我睡不著，協平在我床邊說：「媽媽，明天是音樂會。快些睡覺吧！」

我做夢看到昇平拿著申請表，找不到郵箱，我卻幫不了他！掙扎了很久，醒來時渾身冷汗。

我深深感覺到，要遠距離愛護孩子，真不容易。我很想擁抱昇平，告訴他：「你做得很好。不要怕，一定考得上的！」但我身在北京，無法如願。

很託福，昇平也成功考上了史丹福大學，我鬆了一口氣。因為我不但沒有幫到他，反而連累了他。但他有足夠的實力，考上了第一志願的大學，我覺得特別驕傲。

手術只是治療癌症的開始。

在北京做完音樂會之後，我回到日本開始做電療。做了兩個多月，非常疲倦。

二零零八年元旦，我開始了為期五年的荷爾蒙治療。對我來說，這個治療比做手術和電療更辛苦。停止荷爾蒙作用的藥有很多副作用：頭痛、關節痛、精神不安定、晚上睡不著，而且還會出疹子。

但最令我痛苦的，就是我的臉會腫得比平常大一倍。眼睛張不開，沒有鼻子，就好像一個方形的大饅頭。一腫起來，就會維持一整個星期，需要停止服藥，才會慢慢恢復原本的臉形。醫生也搖頭，「在我的病人之中，沒有腫成這個樣子的。」

因為隨時都會腫起來，工作的編排大受影響，臉腫的時候不可以上電視，也不可以拍照。但我依然繼續演唱，因為我還有一百七十場和平唱會要舉行；但就連聲帶也受到荷爾蒙治療的影響，發聲不能自如。

我痛苦不堪，精神大受打擊。

協平看到我每天愁眉苦面，竟找到一個方法來安慰我。

有一天晚上，他突然來到我的床邊說：「媽媽，說笑話給您聽。今天的笑話。」

然後他就開始說：「在桌上有一盤蘋果和一盤曲奇餅。有一天媽媽要上街，她有很多小孩子，所以她寫了一張卡留言，放在蘋果旁邊：『每人只可以拿一個。天主在看著啊！』她最小的孩子回來，看到媽媽的留言，也寫了一張卡，放在曲奇餅旁邊：『你們喜歡拿多少就拿多少，因為天主在看著蘋果。』」

他繪聲繪影的表現，惹得我笑出眼淚來。

一方面是因為他說得很好，另外一方面是因為我感受到他的愛。

他希望見到我的笑容，所以才想到這個絕招！

從那天開始，他每晚都來到我床邊，給我說笑話。他的笑話是從網上找來的，有些時候並不好笑，但他一顆善良的心，令我只要見到他，我的心就好像開了花，每晚都能在歡笑中就寢。

二零零八年，傳來一個好消息。

我從二零零七年開始做的和平演唱會和發行的新唱片，得到廣大歡迎，在當年的「日本唱片大賞」中拿到了「特別賞」。那是高度的榮譽，大家都恭喜我，但我覺得不是我得獎，而是熱愛和平的所有人得獎。

得了乳癌雖然辛苦，但我學會了珍惜每一分每一秒。

每天都是值得慶祝的，每一天都是新一天的誕生。

我起床的時候，會對自己說：「Happy birthday to me! 陳美齡生日快樂！」對，每一天都是我的生日，每一天都是好日，並多謝上天給我多一天照顧孩子。

我開始把每一天當作生命最後的一天，以如果沒有明天為前提，思考今天我要做什麼。

這樣的處世方法，其實是快樂的。因為每天都感恩，每天都充滿活力，而且看到的事、碰到的人、吃到的東西都是恩賜。

雖然身體並不是最健康，但是我覺得自己開朗了，更加勇敢面對現實和理解世上的痛苦。

—

我得到日本唱片大賞的特別獎，其實是所有
愛好和平的人的得獎。

在荷爾蒙治療的過程中，為了給自己一個目標，我戴了五條小手鍊，每過一年就脫掉一條。得到大家的支持，我圓滿的完成了五年療程。為了紀念這個日子，我們一家五口來到海邊。

我把手鍊解下，丟到海裏。

「拜拜乳癌！不要再回來了！」

我們歡呼拍手，慶幸大家還能在一起。

協平卻說笑：「媽媽您污染海洋啊！」我們笑得很高興，互相擁抱。

我做手術之前，曾經向上天祈禱：「我有一個小學五年級的兒子，我希望可以看到他中學畢業。可否給我五年生命？」

五年到了，我需要再次祈禱。

那我說什麼好呢？

我想來想去，決定說：「我希望可以看到孫子的臉。」

當晚我跪在地上祈禱。

我首先說：「多謝您給我五年的生命……」我本想繼續說下去的，但喉嚨裏面好像卡著一顆核桃，就是說不下去。感恩之思在我心裏爆發，好像是瀑布，把我的自私念頭都沖走了。

我沒法說下去，跪在地上一直無聲的流淚。

也不知道過了多久，最後我說：「若我還是有用的話，請把我留在人世。否則，我願聽天由命。」

患上乳癌之後，我參加了很多抗癌運動，成為了「日本抗癌協會」的大使，在日本推廣乳癌檢查。我們說服了政府派發免費檢查的優惠劵，更籌款支持年輕醫生到美國進修專業技能；也資助學者研究治療癌症的方法和新藥。

我現在有很多癌症的朋友，大家互相支持、互相鼓勵。

我感到生命是無盡的，一個跑手跑完他的本分後，就交棒給下一個跑手。生命是不會完的，就算「陳美齡」離開這個世界，只要我能交棒給下一個跑手，人類的生命是會繼續的。

我應該做好自己的本分，有機會跑的時候，跑得長久一點，跑得有意義一點，減輕下一個跑手的負擔。

在交棒之前，我究竟還可以跑多遠呢？我不知道，也不需要知道。我只要每天早上起來跑好今天的路程，明天就讓上天為我選擇吧！

36

Happiest mom
on earth

最快樂的媽媽

不可忽略孩子們的感受，
時光一過，無法補救。

—

重回日本武道館舉行音樂會，不死鳥陳美齡。

二零零九年，和平正式畢業於史丹福大學。我們去參加他的畢業禮，看他戴上四方帽，感受到當父母的成果。

和平在學期間，已經為一間公司工作，畢業後立刻就職美國的一間投資公司，第一個任務就是派回日本分社。我非常高興，因為可以每天見到和平。

我記得他剛進入史丹福時，他曾經向我指出：「媽媽，我在高中時，你沒有來看我演戲或參加學校活動。現在昇平是高中生，你要多去參加他的活動。」原來他一直很寂寞。一想到沒有家人為他打氣時他的失落，我非常難過，真心的向他道歉。

和平原諒了我，但我還是覺得對不起他。

我的確是比較忽略了兩個哥哥，因為當他們留學時，家裏還有弟弟，所以我很少去探望他們。現在我感到很後悔，但時光已過，無法補救，這是我人生中最大的遺憾之一。

昇平在高中時，曾和同學一起在YouTube上發表音樂作品，得到很多粉絲，更曾有美國的唱片公司找他簽約。但因為爸爸非常反對，所以拒絕了。

他在史丹福大學也有參加合唱團，更在二零一零年被選為音樂劇的主角，作全球巡迴演出。

為了不放過這個好機會，我決定帶著協平去做追星粉絲，到世界各地看他演戲。當然我們無法走遍全部的表演地方，但也去了不少：澳門、北京、韓國和最後的紐約。

二零一零年夏天，到達紐約時，我們非常盼望欣賞演出，因為那是世界巡迴表演的最後一場。昇平也說：「最後一場，全力以赴！」

料不到天不助人，演出的那一天紐約打風了，劇院決定取消他們的演出。一班年輕學生，頹喪失望。我看到他們失望的樣子，提議請他們去遊船河，慶祝全球演出成功，也可以說是安慰獎。

在紐約的哈德遜河上，我們坐遊船、吃晚飯、跳舞和飽覽兩岸的夜景，同學

—

昇平主演的歌劇，我們全球追著看。

們高興到不得了。當晚有十幾個大學生和我們一起。飯後樂隊開始演奏，大家開始跳舞。

昇平突然跑過來對我說：「媽媽，一起跳舞吧！」

我說：「不成，不成，我不會跳舞。」

他的同學們齊齊鼓勵我：「跳吧！跳吧！」

我鬥不過他們，唯有站起身，和昇平共跳慢舞。

和兒子跳舞是第一次，我又尷尬，又心甜。

紐約的夜景燦爛迷人，和同學們的笑容不相上下，好一個浪漫的晚上！

船泊岸後，年輕人們還依依不捨。

昇平送我們上車時說：

「媽媽，我常常想找到反叛你的原因，但我真的是找不到。連我的朋友都成為了你的粉絲！媽媽你令我驕傲，我愛你！」不喜歡說話的昇平的這番話，令我真的好像上了天堂。雖然在他高中時沒有辦法參加他的活動，但那次追星之旅，表明了我是多麼愛他，而他也感受得到！

當晚我在車上，大唱音樂劇裏面的歌曲。司機覺得很奇怪，但我沒有理會，因為當晚我是世界上最快樂的媽媽。

在事業上，二零一零年也是值得紀念的一年，因為我在日本武道館舉行了一個大型演唱會。武道館是日本歌手的聖地，每一個歌手都希望可以在那裏開演唱會。

我第一次在武道館開音樂會是在八十年代，二零一零年是我第二次。

那天晚上，和我同年代的粉絲都到場了，全場滿座。我感觸良多，那麼多年後，我還可以在一萬五千人的武道館開音樂會，非常感恩。

十七歲到日本的少女，成為三個男孩的媽媽、癌症的生存者、教育博士，真的不可思議。但在舞台上，時光只會停留在最美麗的時刻，音樂是不會長老的。

我感受到音樂已滲透了我的身體，改變了我的DNA。音樂令我堅強，音樂是我的良藥。歌唱時的我，好像無敵超人，不怕風，不怕雨，不怕生，不怕死。

37

The east Japan great earthquake

東日本大地震

誰也會有需要接受救援的一天，
人生是不能預料的。

—

一下子，二萬多人的生命，幾十萬人的財產
都被海嘯沖走了。

二零一一年三月十一日，東日本大地震發生了。下午兩點，和平在東京的投資公司工作；爸爸去了史丹福探望昇平；協平在學校；我在家裏，準備去當晚的演唱會場地。

東京雖不是震央，但也震動得很激烈！震盪中，我不停祈禱，希望兒子們沒事。震盪過去之後，經理人催促我快點去場地。我說：「應該辦不成吧！相信所有人都回家了。」

他說：「電話不通，不知道有沒有取消，要親身去看看。」

我沒辦法，拿了行李，坐上車子。道路也在震盪，人多車多，好不混亂。我用手機看電視，見到東北地方的海嘯吞沒了村落和城市。海嘯是如黑色水做的牆壁，一直往內陸推。在它途中的所有物體都被毀掉了。我在車裏嚎哭，好像看到了人間地獄。

到了現場，演唱會果然取消了。

幾經辛苦回到家裏，發覺協平帶了十幾個同學來避難。我急忙跑進廚房煮飯，怕他們那天晚上回不了家。

災難造成福島三間核電廠的爐心熔毀，政府沒有清楚解釋輻射的影響，大家人心惶惶。

這場地震，一下子奪走了二萬多人的生命。

當初，為怕阻礙現場收容遺體的作業，我們沒法進入災區。一個月後，我為了探望兒童，通過聯合國兒童基金會的關係，終於前往當地，所看到的情景非筆墨所能形容。

受海嘯摧殘過的地方，所有的屋子都毀壞了。在山上有船，在海裏有屋，觸目所及，都是破碎了的房屋、車子，或幾十萬人的人生。

那種恐怖的景象，會令最堅強的人抖震、崩潰。目睹過災區的人，很多都患上了憂鬱症，我也痛苦得寢食難安，無法過正常生活。

自然界的威力，實在不是人類能對抗的。我覺得自己很無力、很渺小。

但為了救援災區的兒童，我不停的探訪災區和籌款，把自己的工作也放下了。失去了父母的兒童特別可憐。我在一所臨時避難所裏碰到了一雙兄弟。十二歲的哥哥在看報紙的死亡欄，三歲多的小弟在他旁邊玩耍。我問他：「你在看什麼？」他說：「我在找同學的名字，看看他們還活著沒有。」

我再問他：「家人好嗎？」

他眼一紅，「不好……媽媽和妹妹都找不到，爸爸去找了。」

三歲的弟弟跑過來，「媽媽什麼時候回來？我餓得很！」

大哥拉著小弟的手，沒有說話，用手背擦眼淚。

這樣的故事，每天都聽到；可憐的小朋友，每天都碰到。

救援工作大約持續了有四年多，我們建造了十幾間幼稚園和託兒所，也提供了很多醫療及教育服務。

想不到像日本這樣一個先進社會，也有需要救援的一天，人生真的是不能預料。

聯合國兒童基金會在外國的經驗，在這次災難中發揮了重要的角色，我自己也得到了很多寶貴的經驗。到現在為止，我每年都有去探望災民。

在混亂之中，二零一一年秋天，協平跟隨兩位哥哥的步伐，就讀Thacher school。

他讀的是四年課程，也就是說他比哥哥們還要早，初中十三歲就開始留學。

家裏沒有了孩子，我覺得有一點失落。不需要起床做便當或早餐，要洗的衣服也少了很多，也不會突然來好幾位同學一起吃飯，我開始有了自由時間。

初初我覺得非常不習慣，但我知道這是空巢症候群，需要時間去理解和欣賞。

我可以利用多出來的時間重新尋找自己，或做一些以前孩子在身邊的時候做不到的事，例如多些回港探媽媽，或到美國探孩子們；也可以找朋友出來喝茶，更可以增加做義工的時間。

協平的馬上雄姿，媽媽看起來很渺小。

相信人生應該還是多姿多彩的。
我第三個人生階段開始了！

38

New step
in life

人生新階段

人生是唱不完的愛歌、
未跑完的接力。

—

紀念協平二十歲成年時拍的全家福！真感恩。

光陰似箭，二零一四年秋天，協平要考大學了。

我們帶他參觀完美國的大學後，他的選擇也是史丹福大學。

我很擔心。十年前，和平投考史丹福的時候，史丹福的收生率是百分之十二；但是二零一四年，史丹福的收生率是百分之五，難度高了一倍。

就算協平和哥哥們一樣優秀，合格的機會仍是少了一半。

但我尊重他的選擇，決定讓他報名史丹福大學。

同年，我接受了香港浸會大學的邀請，成為了他們的特別教授。

我在日本的大學已經教了二十多年書，在香港卻是第一次，非常興奮。

我是傳理系的教授，每年會講三次，大約十堂課。

我教書的宗旨，是希望學生進入我的課室前，和走出我的課室後，脫胎換骨，成為兩個不同的人。

我希望教他們對自己有信心、對未來更有希望。而且我希望能傳授給他們在網上找不到的知識，引起他們的興趣，非要來聽我的課不可。所以每次我都會盡力而為。

浸會的學生非常可愛、踴躍，每一堂課都是一種享受。

有些時候課程是公開的，我有機會和其他學者、教授和關心學問的人接觸，給我很多刺激和鼓勵。

二零一四年也是香港佔中的一年，浸會大學也有一些課程取消了。一部份學生去了佔中，另外一部份則去拍攝佔中。

我對香港的政治和民生並不熟悉，但為了了解佔中，我開始研究香港人的歷史觀念和生活情況。

我發覺香港的教育制度裏面，沒有全面教育下一代認識香港的歷史、經濟環境和一國兩制的意義；更加沒有教年輕人有關民主的知識。

甚至和大學老師談起這個問題時，很多老師們都沒有太多意見，對世界各地的民主發展並不熟悉。

若佔中的主題是要爭取真正的民主的話，教育者需要令學生掌握多方面的知識。

什麼是民主呢？

世界各地的民主進程是如何呢？

民主是不是一人一票那麼簡單呢？

若不能理解這些觀念，怎麼可能進行有意義的政治活動呢？

我開始覺得這方面的教育有改善的空間。

記得有一晚，我在中環吃完飯，走過了佔中的範圍。當時佔中已進入尾聲，我看到年輕人的情況，覺得很心酸。

我希望他們知道自己的目標和在尋找的東西。我希望他們不是受人煽動，而是擁有作選擇的足夠知識。作為一個學者、一個教授，我覺得我們有一部份責任。

香港的未來，對亞洲和世界的未來有很大的影響。所以我希望有機會和年輕朋友們，用長時間討論理想的香港未來。

二零一五年，協平考上了史丹福大學，一家人欣喜若狂。

記得發表的那一天，我正在拍攝唱片封面，突然收到協平的短訊。

「媽媽，遲一下給您打電話，現在要去上體育堂。」

我很緊張，因為我知道當天應該是發表的日子。

我很想知道結果，化妝也不能集中，腦袋裏就是想著協平。

在那個時候，協平一位高中同學的爸爸給我發電郵，說「恭喜你！」

那一刻，我知道協平一定是被錄取了。

果然，協平接著打電話給我，告訴我他考上了史丹福大學！

我告訴全體工作人員這個好消息，他們和我一起跳高歡叫，還拍了紀念照慶祝。

那天，我成為了三個史丹福學生的媽媽，我真的很安慰。

自從「美齡論爭」以來，我一直很用心的帶孩子，希望他們能夠找到自己的道路，完成自己的理想。當然，進入優秀大學並不表示育兒成功，但也可以說是達到一個段落。

希望兒子們的努力能夠鼓勵年輕媽媽，讓她們知道，一邊工作，一邊帶孩子，也可以有好的結果。

那天，我好像放下了一個大包袱，感覺到肩膀和背上都輕了，笑容特別燦爛。

日本的朝日新聞出版社，邀請我寫教子心得。經過多方面的考慮，我決定執筆，寫下了我的第八十五本書：《50個教育法——我把三個兒子送入了史丹福》。

二零一六年三月，這本書在日本發行了，反應很好，非常暢銷，成為社會話題。

二零一六年七月，香港也發行了這本書，同樣得到很大的共鳴，成為當年最暢銷的書本。

教育界的相關人士也對我的教育方法注目。在分享會中，我聽到了很多父母和老師們談及，香港的教育制度給他們很大壓力。我開始研究香港的教育制度，發覺有很多地方可以改善，於是在二零一七年，為香港提出了《40個教育提案——把快樂帶回給香港學生》。

現在的我，可以說真真正正的踏上了人生的新階段。

我需要尋找新的目標，要去面對新的自己。

我不知道我還可以為社會貢獻些什麼，但我願意接受挑戰。

因為上天對我很好，給我機會去唱歌、去幫助別人、去追求事業、去建立家庭；還給了我無條件支持我的親人和朋友、粉絲和同事、義工的同伴和數不盡的相遇。

我不知道要如何報恩，才可以表達我的謝意，但每當我站於人生的轉捩點時，上天都會給我指示，相信這一次也不例外。

可能上天要我去做大事，也可能要我去做小事。
不論事大事小，我已準備好了！
可能我這六十多年只是前奏，真正的歌曲和高潮，還未開始？
人生是唱不完的愛歌、未跑完的接力。
最好的時光，等待著我們。

陳美齡，三、二、一、唱！
陳美齡，就位、準備、跑！

後記

感謝您看了我的自傳。

下一次見到您的時候，可能我會有點難為情。因為您知道我太多秘密了，又分享了我不少個人隱私。您進入了我的家、我的圈子，又用顯微鏡觀察了我的心。我的人生現在是一本公開的書，可能我再沒有勇氣面對讀者了。

今次寫自傳，我的結論是：

我是一個很幸運的人。

在我的人生裏，我遇到了很多貴人。我的人生並不是我的人生，而是和貴人共度光陰的總和。每一次的緣份，都為我的人生增添色彩，組成了我人生的彩虹。

彩虹是光，它照亮了我的每一天。
現在您也是我彩虹的一部份，您已進入了我的人生。
我會全心全意珍惜這些緣份，好好的報答您給我的關愛。

我太感恩了，實在受不起這麼多恩賜。
所以直到我嚥下最後一口氣，我的報恩旅程是不會完的。
人們說在彩虹的那一邊有無價寶，但我的無價寶，就是心中的彩虹。

多謝你的愛！多謝你的光芒！

I love you back!
Shine on me, shine on you!

簡歷

1955 年　生於香港

1968 年　第一次參加義工活動

1969 年　香港首張唱片 *Circle Game* 發行

1970 年　香港最佳電視人物獎、最佳亞洲藝術家獎

1971 年　香港十大歌手獎、亞洲最受歡迎歌手 、香港十大電視明星獎

1972 年　香港瑪利諾中學會考畢業

進往日本發展，首張日本唱片《虞美人之花》發行

1973 年　日本歌謠大獎新人獎

日本唱片大獎新人獎

新宿音樂祭金獎

日本媒體基金新人獎

參加日本 NHK 電視台「紅白歌合戰」

日本美國學校畢業，考進日本上智大學

1974 年　金箭獎最佳新藝術家獎

日本有線音樂獎最佳新人獎

FNS 音樂獎最佳新歌手

東京音樂祭銀獎

1975 年　東京國際音樂節銀金絲雀獎

1976 年　暫別歌壇，入讀加拿大多倫多大學，主修兒童心理學

1977 年　父親逝世

1978 年　多倫多大學榮譽學士

復出日本和香港歌壇

首次推出廣東歌唱片《雨中康乃馨》，成為香港十大金曲之一

1979 年　香港年度最佳歌曲獎

1980 年　在香港、日本和柬埔寨舉行慈善音樂會

1981 年　為拍攝電影，初次訪問中國桂林

1982 年　訪問母親的故鄉中國貴州

發行專輯《漓江曲》，曲目包括《香港、香港》

1983 年　與金子力邂逅

1984 年　國際青年年（International Year of Youth , IYY）世界和平論文特別獎

1985 年　在北京首都體育館舉行宋慶齡基金慈善音樂會

主持日本《二十四小時 TV》籌款節目，探訪埃塞俄比亞飢荒兒童

文化廣播獎

香港十大傑出青年獎

與金子力結婚

1986 年　日本放送女性團體協會 S.J. 大獎

日本記者協會特別獎

日本電視界協會銀河獎

日本麗澤大學講師

日本國立信州大學講師

長子和平於加拿大出生

1987 年　因帶子工作而引起「美齡論爭」

幫助《男女同酬籌同機會法例》成立

1988 年　日本新語流行語獎大眾獎

訪問柬埔寨

1989 年　攻讀美國史丹福大學教育部博士學位

二子昇平於美國出生

1993 年　日本名古屋女子文化學院講師

1994 年	獲得美國史丹福大學教育博士學學位
	日本明治大學助理教授
1996 年	三子協平於香港出生
1997 年	日本明治大學教授
	於香港回歸中國官方典禮上演唱
1998 年	聯合國兒童基金會日本大使
	為聯合國國際兒童基金會訪問泰國，採訪對兒童的商業性剝削
1999 年	美國麻省理工學院出版社出版 *The Road Wind Uphill All the Way*
	為聯合國兒童基金會訪問蘇丹研究兒童兵的情況
2000 年	為聯合國兒童基金會訪問帝汶
	於日本武道館舉行音樂會
2001 年	被任命為日本香港親善大使
	在北京舉行的第一次兒童基金會音樂會任特別嘉賓
	為聯合國兒童基金會訪問菲律賓
	日本共榮大學教授
2003 年	為聯合國兒童基金會訪問伊拉克
2004 年	為聯合國兒童基金會訪問摩爾多瓦
2005 年	為聯合國兒童基金會訪問達爾富爾
	長子和平考進美國史丹福大學
2006 年	在美國發行第一張專輯 CD《忘記自己》
	為聯合國兒童基金會訪問萊索托
	患上唾液腺腫瘍，手術後康復
2007 年	慶祝陳美齡在日三十五週年
	「把和平之歌傳到世界」巡迴演唱會開始

	為聯合國國際兒童基金會探訪孟買
	獲得「民音文化獎」
	患上乳癌，手術後康復
	在中國人民大會堂舉行和平個人演唱會
	二子昇平考進美國史丹福大學
2008 年	在日本一百一十二個都市舉行和平音樂會
	日本抗癌協會親善大使
	日本唱片大獎特別獎
	為聯合國國際兒童基金會訪問中國四川地震災區
2009 年	為聯合國國際兒童基金會探訪布基納法索
2010 年	為聯合國兒童基金會探訪索馬里
2011 年	為聯合國兒童基金會訪問日本東北地震災區
2012 年	為聯合國兒童基金會訪問不丹
2013 年	為聯合國兒童基金會訪問尼日利亞
2014 年	為聯合國兒童基金會訪問中非共和國
	「Relay for Life」英雄獎
2015 年	為聯合國兒童基金會訪問南蘇丹
	美國防癌協會英雄獎
	三子協平考進史丹福大學，至此三個兒子都成為史丹福學生
2016 年	任命聯合國兒童基金會亞洲親善大使
	為聯合國兒童基金會訪問危地馬拉和斐濟
	《50 個教育法：我把三個兒子送入了史丹福》成為當年香港最暢銷書籍
2017 年	在香港出版《40 個教育提案：把快樂帶回給香港學生》

責任編輯　寧礎鋒

書籍設計　陳曦成

書名　人生的 38 個啓示——陳美齡自傳

著者　陳美齡

出版　三聯書店（香港）有限公司
香港北角英皇道四九九號北角工業大廈二十樓
Joint Publishing (H.K.) Co., Ltd.
20/F., North Point Industrial Building,
499 King's Road, North Point, Hong Kong

發行　香港聯合書刊物流有限公司
香港新界大埔汀麗路三十六號三字樓

印刷　美雅印刷製本有限公司
香港九龍觀塘榮業街六號四樓 A 室

版次　2017 年 7 月香港第一版第一次印刷
2019 年 6 月香港第一版第五次印刷

規格　32 開（125mm × 185mm）376 面

國際書號　ISBN 978-962-04-4144-8